riz & risottos

riz & risottos

Aude de Galard & Leslie Gogois

Photographies, Éric Fénot
Stylisme, Lissa Streeter

Avec la collaboration de Gaz de France

HACHETTE
Pratique

sommaire

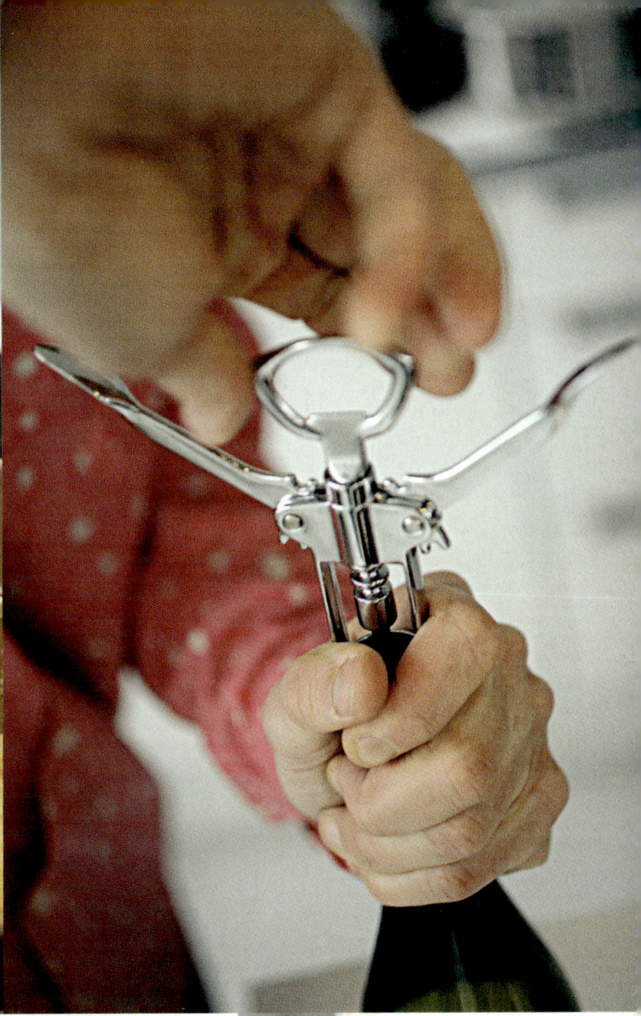

je veux la recette !

4 pincées de cannelle en poudre / répétez l'opération jusqu'à épuisement du lait / La botte secrète d'Aude et Leslie / FAITES FONDRE LE BEURRE ET AJOUTEZ LE RIZ / ajoutez le sucre vanillé et la confiture de fraises / Risotto à la confiture de griottes / Les ingrédients pour 4 à 6 personnes / 200 G DE RIZ ARBORIO / jusqu'à ce que le riz devienne bien tendre / 15 cl de vin blanc sec / Ajoutez l'ail et faites-le revenir 2 min environ / À servir bien chaud avec un Valpolicella / NETTOYEZ LES CÈPES / Le truc de Stéphan / Pour le bouillon, mélangez le jus de cuisson des coquillages et le piment d'Espelette / Recette pour épater / 2 aubergines / Lavez le persil plat et coupez-le finement / Mélangez jusqu'à ce que le chocolat soit bien fondu / Servez les sushis de mangue accompagnés d'un ramequin de coulis de fruits rouges / RIZ AU LAIT AUX DEUX CHOCOLATS / Servez *illico presto* parsemé de copeaux de noix de coco / Pour les brochettes de fruits / préparez le caramel / MÉLANGEZ LE SUCRE AVEC LA CANNELLE / troquez le thym contre des herbes de Provence ou du basilic

Risotto fondant aux artichauts

PRÉPARATION + CUISSON 50 MIN | **COÛT** ★ | **DIFFICULTÉ** ★★

Les ingrédients pour 4 personnes

- 2 cubes de bouillon de volaille
- 14 fonds d'artichauts en bocaux (soit 400 g environ égouttés)
- 2 gousses d'ail
- 6 brins de persil plat
- 250 g de riz arborio
- 15 cl de vin blanc sec
- 2 poignées de roquette
- 12 tranches de speck
- 110 g de parmesan râpé
- 1 filet d'huile d'olive pour le faitout
- sel et poivre

1 Préparez le bouillon : dans une casserole, portez à ébullition 1 l d'eau. Quand elle bout, ajoutez les cubes de bouillon et mélangez bien pour les diluer. Égouttez les artichauts et coupez-les en 4. Épluchez les gousses d'ail et hachez-les après avoir ôté le germe. Lavez le persil plat et coupez-le finement.

2 Dans un faitout, faites chauffer le filet d'huile. Ajoutez l'ail et faites-le revenir 2 min environ. Puis ajoutez les artichauts et le persil plat. Laissez cuire 3 min environ en mélangeant.

3 Ajoutez le riz et faites-le cuire 2 min à feu doux jusqu'à ce qu'il devienne translucide, en remuant. Versez le vin et continuez de mélanger. Une fois le vin absorbé, ajoutez 1 louche de bouillon. Poursuivez la cuisson jusqu'à ce que le bouillon soit bien absorbé en mélangeant constamment. Répétez l'opération louche après louche jusqu'à ce qu'il n'y ait plus de bouillon, toujours en remuant (20 min environ).

4 Pendant ce temps, lavez et ciselez la roquette. Coupez le speck en morceaux. À la fin de la cuisson et hors du feu, ajoutez le parmesan dans le faitout. Salez légèrement et poivrez généreusement. Mélangez et laissez fondre le parmesan 2 min. Servez le risotto dans un plat creux, ajoutez la roquette et le speck au centre.

Astuces_ • La clé de la réussite d'un bon risotto : mélangez sans cesse le riz au cours de la cuisson tout en versant le bouillon. • Pour encore plus de saveurs, achetez du parmesan que vous râperez vous-même.

la botte secrète d'aude et leslie

Pour les plus gourmands, ajoutez quelques cœurs d'artichauts à l'huile d'olive coupés en deux, juste avant de servir.

le verre de vin qui va bien

À servir bien chaud avec un Valpolicella.

Risotto crémeux aux cèpes

PRÉPARATION + CUISSON 1 H | **COÛT** ★★ | **DIFFICULTÉ** ★★★

1 Épluchez la gousse d'ail et hachez-la. Nettoyez les cèpes, séchez-les délicatement et émincez-les. Lavez et coupez le persil. Réservez le tout.

2 Dans une casserole, portez à ébullition 1 l d'eau. Quand elle bout, ajoutez les cubes de bouillon et mélangez bien pour les diluer. Épluchez les échalotes et coupez-les finement.

3 Dans un faitout, faites chauffer le filet d'huile. Ajoutez les échalotes et faites-les revenir 3 min. Puis ajoutez le riz et faites-le cuire 2 min à feu doux jusqu'à ce qu'il devienne translucide, en remuant. Versez le vin et continuez de mélanger. Une fois le vin absorbé, ajoutez 1 louche de bouillon. Poursuivez la cuisson jusqu'à ce que le bouillon soit bien absorbé en mélangeant constamment. Répétez l'opération louche après louche jusqu'à ce qu'il n'y ait plus de bouillon, toujours en remuant (20 min environ).

4 Pendant ce temps, préparez la poêlée de cèpes : dans une sauteuse, faites chauffer la noisette de beurre. Ajoutez l'ail et faites-le revenir 2 min. Ajoutez les champignons. Laissez cuire à feu vif 3 min. Ajoutez les 3 cuil. à soupe de vin blanc et poursuivez la cuisson 1 min. Ajoutez la crème et le persil. Salez et poivrez. Laissez cuire 3 min à nouveau en remuant sans cesse.

5 À la fin de la cuisson et hors du feu, ajoutez les cèpes et la moitié du parmesan dans le faitout. Salez et poivrez. Mélangez et laissez reposer 2 min. Servez le risotto accompagné d'un ramequin avec le reste de parmesan.

Les ingrédients pour 4 personnes

Pour le risotto

2 cubes de bouillon de légumes
2 échalotes
250 g de riz arborio
10 cl de vin blanc sec
100 g de parmesan râpé
1 filet d'huile d'olive pour le faitout

Pour la poêlée de cèpes

1 gousse d'ail
300 g de cèpes
½ botte de persil plat
3 cuil. à soupe de vin blanc sec
15 cl de crème fraîche
1 noisette de beurre pour la sauteuse
sel et poivre

le truc de stéphan

Si vous être vraiment fan du risotto et que vous en faites souvent, préparez du bouillon à l'avance et congelez-le. Vous l'utiliserez ensuite pour vos recettes.

Risotto onctueux aux langoustines

PRÉPARATION + CUISSON 1 H | **COÛT** ★★ | **DIFFICULTÉ** ★★★

Les ingrédients pour 4 personnes

Pour le risotto

1 échalote
250 g de riz arborio
10 cl de vin blanc sec
50 g de parmesan râpé
3 cuil. à soupe d'huile d'olive + 1 filet
4 brins de persil plat
sel et poivre

Pour le bouillon

16 langoustines
2 oignons
1 branche de céleri
1 bouquet garni
3 brins de persil
3 cuil. à soupe d'huile d'olive
gros sel

1 Préparez le bouillon : décortiquez les langoustines en conservant les têtes et les carapaces. Épluchez les 2 oignons et coupez-les en 4. Lavez la branche de céleri et coupez-la en 2. Dans une grande casserole, faites chauffer 3 cuil. à soupe d'huile. Ajoutez les têtes et les carapaces des langoustines. Laissez cuire 1 min à feu vif. Versez 1,5 l d'eau. Ajoutez le céleri, les oignons, le bouquet garni, les brins de persil et le gros sel. Laissez cuire 30 min à feu moyen en écumant régulièrement. À la fin de la cuisson, récupérez le bouillon en le filtrant à travers une passoire fine.

2 Dix minutes avant la fin de cuisson du bouillon, épluchez l'échalote et coupez-la finement. Dans un faitout, faites chauffer 3 cuil. à soupe d'huile. Ajoutez l'échalote et faites-la revenir 3 min environ.

3 Ajoutez le riz et faites-le cuire 2 min à feu doux jusqu'à ce qu'il devienne translucide, en remuant. Versez le vin et continuez de mélanger. Une fois le vin absorbé, ajoutez 1 louche de bouillon. Poursuivez la cuisson jusqu'à ce que le bouillon soit bien absorbé en mélangeant constamment. Répétez l'opération louche après louche jusqu'à ce qu'il n'y ait plus de bouillon, toujours en remuant (20 min).

4 Dans une sauteuse, faites poêler les langoustines dans 1 beau filet d'huile 30 sec de chaque côté. Salez et poivrez. Répartissez le risotto dans des assiettes creuses et ajoutez 4 langoustines et un brin de persil plat lavé par assiette.

Astuces_ • Pour une présentation façon grand chef, lorsque vous décortiquez les langoustines, laissez le dernier anneau et le bout de la queue. Ça fera super joli !
• Pour aller plus vite, diluez un peu de fumet de poisson dans 1 l d'eau bouillante. Vous zapperez l'étape du bouillon « maison ».

le verre de vin qui va bien

Essayez un barolo...

Risotto parmesan & bresaola

PRÉPARATION + CUISSON 30 MIN I **COÛT ★ I DIFFICULTÉ ★★**

→ VOICI UN RISOTTO AUSSI DÉLICIEUX QU'ÉPATANT.

1 Préparez le bouillon : dans une casserole, portez à ébullition 1,2 l d'eau. Quand elle bout, ajoutez les cubes de bouillon et mélangez bien pour les diluer. Épluchez l'oignon et coupez-le finement.

2 Dans un faitout, faites chauffer le filet d'huile. Ajoutez l'oignon et faites-le revenir 3 min. Puis ajoutez le riz et faites-le cuire 2 min à feu doux jusqu'à ce qu'il devienne translucide, en remuant. Versez le vin et continuez de mélanger. Une fois le vin absorbé, ajoutez 1 louche de bouillon. Poursuivez la cuisson jusqu'à ce que le bouillon soit bien absorbé en mélangeant constamment. Répétez l'opération louche après louche jusqu'à ce qu'il n'y ait plus de bouillon, toujours en remuant (25 min environ).

3 Pendant ce temps, dans un bol, mélangez la pulpe de tomate avec le basilic surgelé. Salez et poivrez. À la fin de la cuisson et hors du feu, ajoutez la pulpe de tomate puis le parmesan dans le faitout. Salez et poivrez en fonction de vos goûts. Mélangez et laissez reposer 2 min. Répartissez le risotto dans 4 grands bols, ajoutez 2 tranches de bresaola et 1 feuille de basilic lavée par bol.

Les ingrédients pour 4 personnes

2 cubes de bouillon aux herbes
1 oignon
300 g de riz arborio
15 cl de vin blanc sec
5 cuil. à soupe de pulpe de tomate
3 cuil. à soupe de basilic ciselé surgelé
80 g de parmesan râpé
8 tranches de bresaola
4 feuilles de basilic (facultatif)
sel et poivre
1 filet d'huile d'olive pour le faitout

Astuce_ Pour aller plus vite, faites chauffer l'eau à la bouilloire.

la botte secrète d'aude et leslie

Pour les plus gourmands, ajoutez quelques cubes de mozza dans votre risotto. Fondant à souhait !

recette**pour**épater…

Risotto à la truffe

PRÉPARATION + CUISSON 40 MIN | **COÛT ★★** | **DIFFICULTÉ ★★**

Les ingrédients pour 4 à 6 personnes

2 cubes de bouillon de bœuf
2 gousses d'ail
250 g de riz arborio
15 cl de vin blanc sec
1 petit bocal de truffes en morceaux (40 g poids net total)
30 g de parmesan Reggiano râpé
1 noix de beurre
1 filet d'huile d'olive pour le faitout
fleur de sel et poivre du moulin

1 Préparez le bouillon : dans une casserole, portez à ébullition 1 l d'eau. Quand elle bout, ajoutez les cubes de bouillon. Mélangez bien pour les diluer. Épluchez les gousses d'ail et hachez-les après avoir ôté le germe.

2 Dans un faitout, faites chauffer le filet d'huile. Ajoutez l'ail et faites-le revenir 2 min. Puis ajoutez le riz et faites-le cuire 2 min à feu doux jusqu'à ce qu'il devienne translucide, en remuant. Versez le vin et continuez de mélanger.

3 Une fois le vin absorbé, ajoutez 1 louche de bouillon. Poursuivez la cuisson jusqu'à ce que le bouillon soit bien absorbé en mélangeant constamment. Répétez l'opération louche après louche jusqu'à ce qu'il n'y ait plus de bouillon, toujours en remuant (20 min environ).

4 Pendant ce temps, égouttez les truffes en conservant le jus. Coupez la moitié en petits morceaux et l'autre moitié en fins copeaux. À la fin de la cuisson et hors du feu, ajoutez le parmesan râpé, la noix de beurre, les petits morceaux et le jus de truffe. Salez et poivrez. Mélangez et laissez reposer 2 min environ. Servez *illico presto* avec les copeaux de truffe posés sur le dessus.

Astuces_ • Pour que votre risotto soit encore plus parfumé, laissez-le reposer 15 min à la fin de la cuisson à couvert. Puis réchauffez-le à feu doux (après avoir ajouté un peu d'eau chaude) avant de servir. • Quand c'est la saison, cassez votre tirelire et achetez une truffe fraîche, vous serez étonné par la puissance de son parfum.

le tuyau de laurence

Pour un risotto aussi exceptionnel… service exceptionnel. Servez-le dans de jolis verres à pied que vous ébouillanterez juste avant pour ne pas refroidir le risotto.

Risotto petits pois, fines herbes et mascarpone

PRÉPARATION + CUISSON 30 MIN | **COÛT ★** | **DIFFICULTÉ ★★**

Les ingrédients pour 4 personnes

- 2 cubes de bouillon de légumes
- 4 petits oignons nouveaux
- 4 brins de persil plat
- 1 botte de ciboulette
- 300 g de riz arborio
- 300 g de petits pois surgelés
- 200 g de fèves extra-fines surgelées
- 15 cl de vin blanc sec
- 80 g de parmesan
- 3 cuil. à soupe de mascarpone
- 1 filet d'huile pour le faitout
- sel et poivre

1 Préparez le bouillon : dans une casserole, portez à ébullition 1,2 l d'eau. Quand elle bout, ajoutez les cubes de bouillon et mélangez bien pour les diluer. Épluchez les oignons et coupez-les finement. Lavez le persil plat et la ciboulette et coupez-les finement.

2 Dans un faitout, faites chauffer le filet d'huile. Ajoutez les oignons et faites-les revenir 3 min. Puis ajoutez le riz, les petits pois et les fèves et faites-les cuire 3 min à feu doux jusqu'à ce que le riz devienne translucide, en remuant. Versez le vin et continuez de mélanger.

3 Une fois le vin absorbé, ajoutez 1 louche de bouillon. Poursuivez la cuisson jusqu'à ce que le bouillon soit bien absorbé en mélangeant constamment. Répétez l'opération louche après louche jusqu'à ce qu'il n'y ait plus de bouillon, toujours en remuant (25 min environ).

4 Pendant ce temps, râpez le parmesan. À la fin de la cuisson et hors du feu, ajoutez le mascarpone, le parmesan râpé et la ciboulette dans le faitout. Salez et poivrez généreusement. Mélangez et laissez reposer 2 min. Servez parsemé de persil plat.

Astuces_ • Pour les plus gourmands, ajoutez des petits lardons poêlés. • Pour varier les plaisirs, variez les fines herbes : cerfeuil, persil, menthe ou coriandre.

le verre de vin qui va bien

Essayez un vin du Lubéron : on y fait de superbes bouteilles magnifiquement vinifiées. À découvrir...

Risotto à l'ail et au pecorino

PRÉPARATION + CUISSON 50 MIN I **COÛT** ★ I **DIFFICULTÉ** ★★

1 Préchauffez le four à 200 °C (th. 6-7). Disposez les gousses d'ail non épluchées dans un plat à gratin et faites-les cuire 30 min environ. Pendant ce temps, préparez le bouillon : dans une casserole, portez à ébullition 1 l d'eau. Quand elle bout, ajoutez les cubes de bouillon et mélangez bien pour les diluer. Épluchez l'oignon et coupez-le finement. Râpez le pecorino.

2 Dans un faitout, faites chauffer le filet d'huile. Ajoutez l'oignon et faites-le revenir 3 min. Puis ajoutez le riz et faites-le cuire 3 min à feu doux jusqu'à ce qu'il devienne translucide, en remuant. Versez le vin et continuez de mélanger.

3 Une fois le vin absorbé, ajoutez 1 louche de bouillon. Poursuivez la cuisson jusqu'à ce que le bouillon soit bien absorbé en mélangeant constamment. Répétez l'opération louche après louche jusqu'à ce qu'il n'y ait plus de bouillon, toujours en remuant (20 min environ).

4 Quand les gousses d'ail sont prêtes, pressez-les pour récupérer leur chair. Dans un bol, écrasez la crème fraîche avec la chair d'ail. Salez et poivrez. À la fin de la cuisson et hors du feu, ajoutez le pecorino râpé et la purée d'ail dans le faitout. Salez et poivrez à nouveau. Mélangez et laissez reposer 2 min. Servez *illico presto* parsemé de copeaux de parmesan.

Les ingrédients pour 4 personnes

5 gousses d'ail
2 cubes de bouillon de bœuf
1 oignon rouge
80 g de pecorino
250 g de riz arborio
15 cl de vin blanc sec
15 cl de crème fraîche
50 g de copeaux de parmesan
1 filet d'huile d'olive pour le faitout
sel et poivre

le truc de stéphan

Au mois de mai, faites cette recette avec de l'ail nouveau, si délicat et parfumé...

Risotto au gorgonzola et aux noisettes

PRÉPARATION + CUISSON 40 MIN **I COÛT ★ I DIFFICULTÉ ★★**

Les ingrédients pour 4 personnes

- 2 cubes de bouillon de légumes
- 1 gousse d'ail
- 250 g de riz arborio
- 10 cl de vin blanc sec
- 200 g de gorgonzola
- 2 poignées de noisettes
- 30 g de beurre
- 1 filet d'huile d'olive pour le faitout
- poivre

1 Préparez le bouillon : dans une casserole, portez à ébullition 1 l d'eau. Quand elle bout, ajoutez les cubes de bouillon. Mélangez bien pour les diluer. Épluchez la gousse d'ail, ôtez le germe et hachez-la.

2 Dans un faitout, faites chauffer le filet d'huile. Ajoutez l'ail et faites-le revenir 2 min environ. Puis ajoutez le riz et faites-le cuire 2 min à feu doux jusqu'à ce qu'il devienne translucide, en remuant. Versez le vin et continuez de mélanger.

3 Une fois le vin absorbé, ajoutez 1 louche de bouillon. Poursuivez la cuisson jusqu'à ce que le bouillon soit bien absorbé en mélangeant constamment. Répétez l'opération louche après louche jusqu'à ce qu'il n'y ait plus de bouillon, toujours en remuant (20 min environ).

4 Pendant ce temps, coupez le gorgonzola en petits morceaux. Concassez grossièrement les noisettes. À la fin de la cuisson, ajoutez le gorgonzola et le beurre. Poivrez. Mélangez et laissez reposer 2 min environ. Servez avec les noisettes concassées au centre.

Astuce_ Tout aussi bon avec un bouillon d'herbes ou de volaille !

la botte secrète d'aude et leslie

Testez ce risotto avec un mix de noix et de noisettes. Ça va croustiller sec...

le tuyau de laurence

Pour épater mes potes, je sers ce risotto avec quelques fines tranches de poires.

le truc de stéphan

Pour des notes plus douces, faites moitié gorgonzola, moitié fontina.

Risotto *spicy* au chorizo

PRÉPARATION + CUISSON 45 MIN | **COÛT ★** | **DIFFICULTÉ ★★**

1 Préparez le bouillon : dans une casserole, portez à ébullition 1,2 l d'eau. Quand elle bout, ajoutez les cubes de bouillon et mélangez bien pour les diluer. Épluchez l'oignon et coupez-le finement.

2 Dans un faitout, faites chauffer 1 filet d'huile. Ajoutez l'oignon et faites-le revenir 3 min. Puis ajoutez le riz et faites-le cuire 2 min à feu doux jusqu'à ce qu'il devienne translucide, en remuant. Versez le vin et continuez de mélanger. Une fois le vin absorbé, ajoutez 1 louche de bouillon. Poursuivez la cuisson jusqu'à ce que le bouillon soit bien absorbé en mélangeant constamment. Répétez l'opération louche après louche jusqu'à ce qu'il n'y ait plus de bouillon, toujours en remuant (25 min environ).

3 Pendant ce temps, coupez chaque tranche de chorizo en 4. Dans une poêle, faites chauffer le second filet d'huile. Ajoutez le chorizo et faites-le poêler 5 à 6 min. Dans un bol, mélangez le coulis de poivron avec le Tabasco et le paprika. Salez et poivrez.

4 À la fin de la cuisson et hors du feu, ajoutez le coulis de poivron assaisonné puis le parmesan dans le faitout. Mélangez et laissez reposer 2 min. Répartissez le risotto dans 4 grands bols, ajoutez le chorizo poêlé.

Les ingrédients pour 4 personnes

2 cubes de bouillon de volaille
1 oignon
300 g de riz arborio
15 cl de vin blanc sec
12 tranches de chorizo fort
4 cuil. à soupe de coulis de poivron
3 gouttes de Tabasco
4 pincées de paprika en poudre
50 g de parmesan râpé
2 filets d'huile d'olive
sel et poivre

Astuce_ Pour aller plus vite, faites chauffer l'eau à la bouilloire.

le tuyau de laurence

Si vous voulez dépayser vos potes, servez ce risotto dans des petits verres à liqueur, vous aurez alors de délicieux tapas à présenter en apéro.

le truc de stéphan

Vous pouvez aussi préparer ce risotto sans le chorizo pour ne l'ajouter qu'au tout dernier moment, tranché très fin, en « chiffonnade ».

Risotto aux moules de Bouchot

PRÉPARATION + CUISSON 40 MIN **I COÛT ★ I DIFFICULTÉ ★★**

Les ingrédients pour 4 personnes

1 kg de moules
1 gousse d'ail
20 cl de vin blanc sec
2 échalotes
2 cuil. à soupe de fumet de poisson en poudre
300 g de riz arborio
3 cuil. à soupe de mascarpone
1 cuil. à café de curry en poudre
½ bouquet de persil plat (facultatif)
2 filets d'huile d'olive
sel et poivre

1 Lavez les moules, ôtez les filaments herbeux et jetez celles qui sont cassées ou ouvertes. Épluchez la gousse d'ail et hachez-la. Dans une cocotte, faites chauffer le premier filet d'huile. Ajoutez l'ail et faites-le revenir 2 min. Versez le vin et faites chauffer à feu vif 2 min à nouveau.

2 Puis ajoutez les moules et laissez-les cuire à couvert 5 min. Remuez régulièrement. Une fois les moules ouvertes, récupérez le jus de cuisson, décortiquez la moitié des moules et conservez l'autre moitié avec leur coquille pour la déco.

3 Épluchez les échalotes et coupez-les finement. Pour le bouillon, mélangez le jus de cuisson des moules et le fumet de poisson. Complétez avec de l'eau bouillante de façon à obtenir 1,2 l de liquide.

4 Dans un faitout, faites chauffer le second filet d'huile. Ajoutez les échalotes et faites-les revenir 2 min. Ajoutez le riz et faites-le cuire 2 min à feu doux jusqu'à ce qu'il devienne translucide, en remuant. Puis ajoutez 1 louche de bouillon. Poursuivez la cuisson jusqu'à ce que le bouillon soit bien absorbé en mélangeant constamment. Répétez l'opération louche après louche jusqu'à ce qu'il n'y ait plus de bouillon, toujours en remuant (25 min environ).

5 Pendant ce temps, dans un bol, mélangez le mascarpone avec le curry. Salez et poivrez. À la fin de la cuisson et hors du feu, ajoutez les moules décoquillées, le persil plat et le mélange mascarpone-curry dans le faitout. Salez et poivrez selon vos goûts. Mélangez et laissez reposer 2 min. Servez le risotto dans un plat creux en ajoutant les moules entières sur le dessus.

Astuces_ • Vous pouvez remplacer le mascarpone par de la crème fraîche. • Pour d'autres saveurs, troquez le curry contre du safran en poudre.

le verre de vin qui va bien

Un blanc de Savoie bien frais.

Risotto aux fèves et appenzeller

PRÉPARATION + CUISSON 30 MIN | **COÛT ★** | **DIFFICULTÉ ★★**

→ UNE TOUCHE DE FRAÎCHEUR AVEC LES FÈVES, DES NOTES PLUS CORSÉES AVEC L'APPENZELLER... ET LE TOUT EN 30 MIN CHRONO. CE SONT VOS COPAINS QUI VONT SE RÉGALER !

1 Préparez le bouillon : dans une casserole, portez à ébullition 1 l d'eau. Quand elle bout, ajoutez les cubes de bouillon et mélangez bien pour les diluer.

2 Dans un faitout, faites chauffer le filet d'huile. Ajoutez les échalotes et faites-les revenir 3 min. Puis ajoutez le riz et les fèves et faites cuire 3 min à feu doux jusqu'à ce que le riz devienne translucide, en remuant. Versez le vin et continuez de mélanger.

3 Une fois le vin absorbé, ajoutez 1 louche de bouillon. Poursuivez la cuisson jusqu'à ce que le bouillon soit bien absorbé en mélangeant constamment. Répétez l'opération louche après louche jusqu'à ce qu'il n'y ait plus de bouillon, toujours en remuant (20 min environ).

4 Pendant ce temps, râpez grossièrement l'appenzeller. À la fin de la cuisson et hors du feu, ajoutez le parmesan, l'appenzeller et les fines herbes dans le faitout. Salez et poivrez généreusement. Mélangez et laissez reposer 2 min. Servez chaud.

Les ingrédients pour 4 personnes

2 cubes de bouillon à l'huile d'olive et au basilic
3 cuil. à soupe d'échalotes émincées surgelées
250 g de riz arborio
300 g de fèves extra-fines surgelées
15 cl de vin blanc sec
100 g d'appenzeller
30 g de parmesan râpé
2 cuil. à soupe de ciboulette ciselée surgelée
2 cuil. à soupe de persil ciselé surgelé
1 filet d'huile pour le faitout
sel et poivre

le verre de vin qui va bien

Allez vers la franchise d'un mâcon-villages servi frais mais surtout pas trop froid comme c'est souvent le cas.

Risotto aux courgettes et à la pancetta

PRÉPARATION + CUISSON 1 H | **COÛT** ★ | **DIFFICULTÉ** ★★

1 Lavez les courgettes, coupez-les en deux dans le sens de la longueur puis en rondelles. Dans une poêle, faites chauffer 1 filet d'huile. Ajoutez les courgettes et faites-les cuire 12 min environ. Salez, poivrez et ajoutez le thym.

2 Préparez le bouillon : dans une casserole, portez à ébullition 1 l d'eau. Quand elle bout, ajoutez les cubes de bouillon et mélangez bien pour les diluer. Épluchez l'oignon et la gousse d'ail et coupez-les finement.

3 Dans un faitout, faites chauffer le second filet d'huile. Ajoutez les oignons et faites-les revenir 3 min. Puis ajoutez le riz et l'ail et faites cuire 3 min à feu doux jusqu'à ce que le riz devienne translucide, en remuant. Versez le vin et continuez de mélanger.

4 Une fois le vin absorbé, ajoutez 1 louche de bouillon. Poursuivez la cuisson jusqu'à ce que le bouillon soit bien absorbé en mélangeant constamment. Répétez l'opération louche après louche jusqu'à ce qu'il n'y ait plus de bouillon, toujours en remuant (20 min environ).

5 Pendant ce temps, dans une poêle antiadhésive, faites cuire la pancetta 3 min en la retournant régulièrement. Déposez-la sur du papier absorbant.

6 À la fin de la cuisson et hors du feu, ajoutez le parmesan, la ricotta et les courgettes dans le faitout. Salez et poivrez en fonction de vos goûts. Mélangez et laissez reposer 2 min. Servez *illico presto* avec les tranches de pancetta posées sur le dessus.

Les ingrédients pour 4 personnes

2 belles courgettes
4 pincées de thym (facultatif)
2 cubes de bouillon de légumes
1 oignon
1 gousse d'ail
250 g de riz arborio
15 cl de vin blanc sec
8 tranches de pancetta
60 g de parmesan râpé
4 cuil. à soupe de ricotta
2 filets d'huile
sel et poivre

la botte secrète d'aude et leslie

Quand vous avez le temps, testez cette super astuce de présentation : faites cuire 8 courgettes rondes, évidez-les et garnissez-les de votre risotto... Trop beau !

le truc de stéphan

Essayez aussi cette recette en déglaçant le riz avec un petit verre de vermouth, juste avant d'ajouter la première louche de bouillon.

Risotto tout simple aux olives

PRÉPARATION + CUISSON 35 MIN | **COÛT** ★ | **DIFFICULTÉ** ★

1 Préparez le bouillon : dans une casserole, portez à ébullition 1,2 l d'eau. Quand elle bout, ajoutez les cubes de bouillon et mélangez bien pour les diluer. Coupez les olives noires en petits morceaux.

2 Dans un faitout, faites chauffer le filet d'huile. Ajoutez les échalotes et faites-les revenir 3 min. Puis ajoutez l'ail, le riz et les olives noires et faites cuire 2 min à feu doux jusqu'à ce que le riz devienne translucide, en remuant. Versez le vin et continuez de mélanger. Une fois le vin absorbé, ajoutez 1 louche de bouillon. Poursuivez la cuisson jusqu'à ce que le bouillon soit bien absorbé en mélangeant constamment. Répétez l'opération louche après louche jusqu'à ce qu'il n'y ait plus de bouillon, toujours en remuant (25 min environ).

3 Pendant ce temps, lavez et coupez finement le basilic. Dans un bol, mélangez la pulpe de tomate avec le basilic. Salez et poivrez. À la fin de la cuisson et hors du feu, ajoutez la pulpe de tomate puis le parmesan dans le faitout. Salez et poivrez en fonction de vos goûts. Mélangez et laissez reposer 2 min. Servez le risotto avec les olives vertes posées au centre.

Les ingrédients pour 4 personnes

- 2 cubes de bouillon à l'huile d'olive et au basilic
- 200 g d'olives noires dénoyautées
- 2 cuil. à soupe d'échalote surgelée
- 1 cuil. à soupe d'ail surgelé
- 300 g de riz arborio
- 15 cl de vin blanc sec
- ½ bouquet de basilic
- 5 cuil. à soupe de pulpe de tomate
- 80 g de parmesan râpé
- 100 g d'olives vertes dénoyautées
- 1 filet d'huile d'olive
- sel et poivre

Astuces_ • Pour aller plus vite, faites chauffer l'eau à la bouilloire. • Pour encore plus de saveur, optez pour des olives non dénoyautées : c'est plus long mais c'est tellement bon !

la botte secrète d'aude et leslie

Pour une petite touche de fraîcheur, ajoutez une belle poignée de roquette ciselée sur votre risotto juste avant de le servir.

le verre de vin qui va bien

Avec cette recette à déguster sans façon, servez une bonne bière blonde très fraîche.

Risotto aux fruits de mer comme on l'aime

PRÉPARATION + CUISSON 1 H | **COÛT** ★★★ | **DIFFICULTÉ** ★★★

Les ingrédients pour 4 personnes

250 g de palourdes
400 g de moules
1 gousse d'ail
20 cl de vin blanc sec
2 échalotes
5 pincées de piment d'Espelette
250 g de riz arborio
200 g d'anneaux de calmars
4 brins de persil plat
1 barquette de crevettes décortiquées
50 g de parmesan râpé
40 g de beurre
3 filets d'huile
sel et poivre

1 Lavez les palourdes et les moules. Épluchez la gousse d'ail et hachez-la. Dans une cocotte, faites chauffer le premier filet d'huile. Ajoutez l'ail et faites-le revenir 2 min. Versez le vin et faites chauffer à feu vif 2 min. Puis ajoutez les moules et les palourdes et laissez-les cuire à couvert 5 min. Une fois les coquillages ouverts, récupérez le jus de cuisson et décortiquez-les sauf une quinzaine que vous conserverez pour la déco.

2 Épluchez les échalotes et coupez-les finement. Pour le bouillon, mélangez le jus de cuisson des coquillages et le piment d'Espelette. Complétez avec de l'eau bouillante de façon à obtenir 1 l de liquide.

3 Dans un faitout, faites chauffer le second filet d'huile. Ajoutez les échalotes et faites-les revenir 2 min. Ajoutez le riz et faites-le cuire 2 min à feu doux jusqu'à ce qu'il devienne translucide, en remuant. Puis ajoutez 1 louche de bouillon. Poursuivez la cuisson jusqu'à ce que le bouillon soit bien absorbé en mélangeant constamment. Répétez l'opération louche après louche jusqu'à ce qu'il n'y ait plus de bouillon, toujours en remuant (20 min environ).

4 Pendant ce temps, rincez les calmars. Lavez le persil plat et coupez-le finement. Dans une poêle, faites chauffer le dernier filet d'huile. Ajoutez les calmars et les crevettes. Salez et poivrez. Ajoutez le persil plat. Faites poêler le tout 6 min.

5 À la fin de la cuisson et hors du feu, ajoutez les palourdes, les moules décoquillées, le parmesan et le beurre dans le faitout. Salez et poivrez selon vos goûts. Mélangez et laissez reposer 2 min. Servez le risotto dans un plat creux, ajoutez les calmars, les crevettes et les derniers coquillages sur le dessus.

Astuces_ • Lorsque vous nettoyez les moules, jetez celles qui sont ouvertes ou cassées.
• Servez ce risotto dans des coquilles vides de saint-jacques.

Risotto aux pointes d'asperges et coppa

PRÉPARATION + CUISSON 1 H | **COÛT ★★** | **DIFFICULTÉ ★★**

Les ingrédients pour 4 personnes

- 1 botte d'asperges vertes
- 1 cube de bouillon de légumes
- 1 cube de bouillon aux herbes
- 2 cuil. à soupe d'oignon surgelé
- 250 g de riz arborio
- 15 cl de vin blanc sec
- 3 cuil. à café de sauce *pesto*
- 3 cuil. à soupe de mascarpone
- 40 g de parmesan râpé
- 12 tranches de coppa
- 1 filet d'huile d'olive pour le faitout
- sel et poivre

1 Épluchez les asperges avec un couteau économe et rincez-les. Faites-les cuire 15 min environ dans une grande casserole d'eau bouillante salée.

2 Pendant ce temps, préparez le bouillon : dans une casserole, portez à ébullition 1 l d'eau. Quand elle bout, versez-en la moitié dans un saladier. Ajoutez le cube de bouillon de légumes dans le saladier et le cube de bouillon aux herbes dans la casserole. Mélangez bien pour les diluer.

3 À la fin de la cuisson des asperges, égouttez-les. Puis coupez les pointes (4 cm environ) et le reste des tiges en tronçons. Dans un faitout, faites chauffer le filet d'huile. Ajoutez l'oignon et faites-le revenir 2 min environ. Ajoutez les asperges (sans les pointes). Laissez cuire 2 min environ en mélangeant. Puis ajoutez le riz et faites-le cuire 2 min à feu doux jusqu'à ce qu'il devienne translucide, en remuant. Versez le vin et continuez de mélanger.

4 Une fois le vin absorbé, ajoutez 1 louche de bouillon. Poursuivez la cuisson jusqu'à ce que le bouillon soit bien absorbé en mélangeant constamment. Répétez l'opération louche après louche – en alternant bouillon de légumes et aux herbes – jusqu'à ce qu'il n'y ait plus de bouillon, toujours en remuant (20 min environ).

5 Pendant ce temps, dans un bol, mélangez la sauce *pesto* avec le mascarpone. À la fin de la cuisson et hors du feu, ajoutez le parmesan râpé et le mélange pesto-mascarpone. Salez et poivrez. Mélangez et laissez reposer 2 min environ. Servez *illico presto* avec les pointes d'asperges et la coppa posées sur le dessus.

Astuce_ Pour réaliser cette recette toute l'année, utilisez des asperges surgelées ou en bocal.

le verre de vin qui va bien

Avec cette recette aussi simple que savoureuse, proposez un vin rouge léger de Loire.

Risotto carottes & curry

PRÉPARATION + CUISSON 45 MIN | **COÛT** ★ | **DIFFICULTÉ** ★★

Les ingrédients pour 4 personnes

4 carottes
1 cube de bouillon aux épices
1 oignon
250 g de riz arborio
1 poignée de raisins secs
15 cl de vin blanc sec
1 bouquet de coriandre
4 cuil. à soupe de ricotta
1 cuil. à café de curry en poudre
40 g de parmesan
1 poignée de noix de cajou
2 filets d'huile
sel et poivre

1 Épluchez les carottes et coupez-les en rondelles. Dans une poêle, faites chauffer le premier filet d'huile. Ajoutez les carottes et faites-les cuire 10 min environ. Salez et poivrez.

2 Pendant ce temps, préparez le bouillon : dans une casserole, portez à ébullition 1 l d'eau. Quand elle bout, ajoutez le cube de bouillon et mélangez bien pour le diluer. Épluchez l'oignon et coupez-le finement.

3 Dans un faitout, faites chauffer le second filet d'huile. Ajoutez l'oignon et faites-le revenir 3 min. Puis ajoutez le riz et les raisins secs et faites cuire 3 min à feu doux jusqu'à ce que le riz devienne translucide, en remuant. Versez le vin et mélangez.

4 Une fois le vin absorbé, ajoutez 1 louche de bouillon. Poursuivez la cuisson jusqu'à ce que le bouillon soit bien absorbé en mélangeant constamment. Répétez l'opération louche après louche jusqu'à ce qu'il n'y ait plus de bouillon, toujours en remuant (20 min environ).

5 Pendant ce temps, lavez la coriandre et coupez-la finement. Dans un bol, mélangez la ricotta avec le curry et la moitié de la coriandre. À la fin de la cuisson et hors du feu, ajoutez le parmesan, la ricotta au curry et les carottes dans le faitout. Salez et poivrez en fonction de vos goûts. Mélangez et laissez reposer 2 min. Servez *illico presto* avec les noix de cajou et l'autre moitié de la coriandre posées au centre.

Astuce_ Pour une cuisson des carottes au top, n'hésitez pas à ajouter un peu d'huile en cours de cuisson.

la botte secrète d'aude et leslie

Avec un peu de gingembre frais râpé dans votre risotto, croyez-nous, c'est le nirvana !

le tuyau de laurence

Et si vous remplaciez la moitié de votre bouillon par la même quantité de jus d'orange...

Risotto primavera

PRÉPARATION + CUISSON 40 MIN | **COÛT** ★★ | **DIFFICULTÉ** ★★

1 Préparez le bouillon : dans une casserole, portez à ébullition 1 l d'eau. Quand elle bout, ajoutez les cubes de bouillon et mélangez bien pour les diluer. Lavez le blanc de poireau et coupez-le finement. Épluchez les carottes et coupez-les en petits dés. Lavez les pois gourmands et équeutez-les. Égouttez les artichauts et coupez-les en 4. Épluchez les gousses d'ail et hachez-les après avoir ôté le germe.

2 Dans un faitout, faites chauffer le filet d'huile. Ajoutez l'ail, le poireau et les artichauts. Faites-les revenir 5 min environ en mélangeant. Puis ajoutez le riz et faites-le cuire 2 min à feu doux jusqu'à ce qu'il devienne translucide, en remuant. Versez le vin et continuez de mélanger.

3 Une fois le vin absorbé, ajoutez 1 louche de bouillon, les pois gourmands, les petits pois et les carottes. Poursuivez la cuisson jusqu'à ce que le bouillon soit bien absorbé en mélangeant constamment. Répétez l'opération louche après louche jusqu'à ce qu'il n'y ait plus de bouillon, toujours en remuant (20 min environ).

4 Pendant ce temps, lavez la ciboulette et coupez-la finement. À la fin de la cuisson et hors du feu, ajoutez le parmesan et la ciboulette dans le faitout. Salez et poivrez généreusement. Mélangez et laissez reposer 2 min.

Les ingrédients pour 4 personnes

- 2 cubes de bouillon de légumes
- 1 blanc de poireau
- 2 carottes
- 200 g de pois gourmands
- 7 fonds d'artichauts en bocal (soit 200 g environ égouttés)
- 2 gousses d'ail
- 250 g de riz arborio
- 20 cl de vin blanc sec
- 150 g de petits pois écossés
- ½ botte de ciboulette
- 100 g de parmesan râpé
- 1 filet d'huile d'olive pour le faitout
- sel et poivre

Astuce_ La clé de la réussite d'un bon risotto : mélangez sans cesse le riz au cours de la cuisson tout en versant le bouillon.

la botte secrète d'aude et leslie

Et pour les plus carnivores, ajoutez quelques copeaux de *pata negra* juste avant de servir.

Risotto potiron et pistache

PRÉPARATION + CUISSON 1 H | **COÛT** ★ | **DIFFICULTÉ** ★★★

1 Décortiquez les pistaches. Épluchez le potiron à l'aide d'un bon couteau, retirez les graines et coupez-le en carré. Puis préparez le bouillon : dans une casserole, portez à ébullition 1,2 l d'eau. Quand elle bout, ajoutez le cube de bouillon et mélangez bien pour le diluer. Gardez au chaud. Dans une casserole, faites chauffer le beurre. Ajoutez le potiron. Faites-le cuire à feu doux 20 min environ en mélangeant régulièrement. À mi-cuisson, ajoutez ½ verre de bouillon (10 cl) pour éviter que ça n'accroche.

2 Pendant ce temps, épluchez l'oignon et coupez-le finement. Dans un faitout, faites chauffer le filet d'huile. Ajoutez l'oignon et faites-le revenir 3 min. Puis ajoutez le riz et faites cuire 3 min à feu doux jusqu'à ce que le riz devienne translucide, en remuant. Versez le vin et continuez de mélanger.

4 Une fois le vin absorbé, ajoutez 1 louche de bouillon. Poursuivez la cuisson jusqu'à ce que le bouillon soit bien absorbé en mélangeant constamment. Répétez l'opération louche après louche jusqu'à ce qu'il n'y ait plus de bouillon, toujours en remuant (25 min environ).

5 Pendant ce temps, épluchez le gingembre avec un couteau économe et râpez-le sur les gros trous d'une râpe. Une fois le potiron cuit, passez-le au moulin à légumes pour le réduire en purée. Dans un saladier, mélangez la purée de potiron avec la crème fraîche, le gingembre et le paprika. Salez et poivrez.

6 À la fin de la cuisson et hors du feu, ajoutez la purée de potiron et le comté dans le faitout. Salez et poivrez en fonction de vos goûts. Mélangez et laissez reposer 2 min. Servez avec les pistaches posées au centre.

Les ingrédients pour 4 personnes

Pour le risotto

2 belles poignées de pistaches
1 cube de bouillon aux épices
1 oignon
250 g de riz arborio
10 cl de vin blanc sec
80 g de comté râpé
1 filet d'huile d'olive pour le faitout

Pour la purée de potiron

450 g de potiron
30 g de beurre
2 cm de racine de gingembre
10 cl de crème fraîche
4 pincées de paprika en poudre

la botte secrète d'aude et leslie

Pour un max de fondant, ajoutez quelques morceaux de crottin de Chavignol. Hmmm !

le verre de vin qui va bien

Servez avec un menetou salon.

Risotto aux champignons des bois et lardons

PRÉPARATION + CUISSON 1 H 10 | **COÛT ★★★** | **DIFFICULTÉ ★★★**

Les ingrédients pour 6 personnes

Pour le risotto

100 g de lardons
2 cubes de bouillon de légumes
2 oignons
400 g de riz arborio
10 cl de vin blanc sec
50 g de parmesan râpé
1 filet d'huile d'olive pour le faitout

Pour la poêlée de champignons

1 gousse d'ail
400 g de cèpes
500 g de girolles
½ botte de persil
1 noix de beurre
5 cuil. à soupe de vin blanc sec
20 cl de crème fraîche
sel et poivre

1 Épluchez la gousse d'ail et hachez-la. Nettoyez bien les cèpes et les girolles après avoir coupé le bout terreux, puis séchez-les délicatement. Coupez finement les cèpes et laissez les girolles entières. Lavez et coupez finement le persil. Dans une poêle, faites dorer les lardons 7 min.

2 Préparez le bouillon : dans une casserole, portez à ébullition 1,5 l d'eau. Quand elle bout, ajoutez les cubes de bouillon et mélangez bien pour les diluer. Épluchez les oignons et coupez-les finement.

3 Dans un faitout, faites chauffer le filet d'huile. Ajoutez les oignons et faites-les revenir 3 min. Puis ajoutez le riz et faites-le cuire 2 min à feu doux jusqu'à ce qu'il devienne translucide, en remuant. Versez le vin et continuez de mélanger. Une fois le vin absorbé, ajoutez 1 louche de bouillon. Poursuivez la cuisson jusqu'à ce que le bouillon soit bien absorbé en mélangeant constamment. Répétez l'opération louche après louche jusqu'à ce qu'il n'y ait plus de bouillon, toujours en remuant (25 min environ).

4 Pour la poêlée de champignons : dans une sauteuse, faites chauffer le beurre. Ajoutez l'ail et faites-le revenir 2 min environ. Puis ajoutez les cèpes et les girolles. Laissez cuire à feu vif 4 min. Ajoutez les 5 cuil. à soupe de vin blanc et poursuivez la cuisson 2 min. Ajoutez la crème et le persil. Salez et poivrez. Laissez cuire 3 min à nouveau en remuant sans cesse.

5 À la fin de la cuisson et hors du feu, ajoutez les cèpes, les girolles et le parmesan dans le faitout. Salez et poivrez. Mélangez et laissez reposer 2 min. Servez le risotto avec les lardons posés au centre.

le truc de stéphan

Essayez aussi cette recette en utilisant des cèpes secs italiens (*porcini*) à réhydrater avant utilisation.

Risotto aubergine, tomates & Co

PRÉPARATION + CUISSON 35 MIN | **COÛT** ★ | **DIFFICULTÉ** ★★

→ VOICI UN RISOTTO PLEIN DE SOLEIL. À PRÉPARER EN HIVER POUR CHASSER LA GRISAILLE AMBIANTE...

1 Lavez l'aubergine et la courgette et coupez-les en petits dés. Lavez les tomates, épépinez-les et coupez-les en petits dés. Épluchez les échalotes et la gousse d'ail et coupez-les finement. Préparez le bouillon : dans une casserole, portez à ébullition 1 l d'eau. Quand elle bout, ajoutez les cubes de bouillon et mélangez bien pour les diluer.

2 Dans un faitout, faites chauffer le filet d'huile. Ajoutez les échalotes et faites-les revenir 3 min. Puis ajoutez l'ail, l'aubergine, la courgette, les tomates et les herbes de Provence. Salez et poivrez. Laissez cuire le tout 10 min environ. N'hésitez pas à rajouter de l'huile en cours de cuisson.

3 Puis ajoutez le riz et faites-le cuire 2 min à feu doux jusqu'à ce qu'il devienne translucide, en remuant. Versez le vin et continuez de mélanger. Une fois le vin absorbé, ajoutez 1 louche de bouillon. Poursuivez la cuisson jusqu'à ce que le bouillon soit bien absorbé en mélangeant constamment. Répétez l'opération louche après louche jusqu'à ce qu'il n'y ait plus de bouillon, toujours en remuant (20 min environ).

4 À la fin de la cuisson et hors du feu, ajoutez le parmesan dans le faitout. Salez et poivrez en fonction de vos goûts. Mélangez et laissez reposer 2 min. Servez *illico presto*.

Les ingrédients pour 4 personnes

1 aubergine
1 courgette
2 tomates
2 échalotes
1 gousse d'ail
2 cubes de bouillon à l'huile d'olive et au basilic
½ cuil. à café d'herbes de Provence
250 g de riz arborio
15 cl de vin blanc
100 g de parmesan râpé
1 filet d'huile d'olive pour le faitout
sel et poivre

Astuce_ Pour rendre votre risotto encore plus moelleux, ajoutez 2 cuil. à soupe de mascarpone ou de crème fraîche en même temps que le parmesan.

Risotto aux petits calmars

PRÉPARATION + CUISSON 40 MIN | **COÛT ★★** | **DIFFICULTÉ ★★**

1 Épluchez les gousses d'ail et hachez-les. Lavez le basilic et coupez-le finement. Préparez le bouillon : dans une casserole, portez à ébullition 1 l d'eau. Quand elle bout, ajoutez les cubes de bouillon et mélangez bien pour les diluer. Épluchez l'oignon et coupez-le finement.

2 Dans un faitout, faites chauffer le premier filet d'huile. Ajoutez l'oignon et faites-le revenir 3 min. Puis ajoutez le riz et faites-le cuire 2 min à feu doux jusqu'à ce qu'il devienne translucide, en remuant. Versez le vin et continuez de mélanger. Une fois le vin absorbé, ajoutez 1 louche de bouillon. Poursuivez la cuisson jusqu'à ce que le bouillon soit bien absorbé en mélangeant constamment. Répétez l'opération louche après louche jusqu'à ce qu'il n'y ait plus de bouillon, toujours en remuant (20 min environ).

3 Pendant ce temps, rincez les calmars. Dans une poêle antiadhésive, faites chauffer le second filet d'huile. Ajoutez l'ail et faites-le revenir 2 min. Puis ajoutez les calmars. Salez et poivrez généreusement. Parsemez de la moitié du basilic ciselé. Faites poêler le tout 6 min environ. Puis arrosez de jus de citron. Dans un bol, mélangez le coulis de poivron avec le piment et le reste de basilic. Salez et poivrez.

4 À la fin de la cuisson et hors du feu, ajoutez le coulis de poivron dans le faitout. Salez et poivrez en fonction de vos goûts. Mélangez et laissez reposer 2 min. Répartissez le risotto dans un plat creux et ajoutez la poêlée de calmars au centre.

Les ingrédients pour 4 personnes

Pour le risotto

2 cubes de bouillon à l'huile d'olive et au basilic
1 oignon
250 g de riz arborio
15 cl de vin blanc sec
4 cuil. à soupe de coulis de poivron
5 pincées de piment d'Espelette
1 filet d'huile d'olive pour le faitout

Pour la poêlée de calmars

2 gousses d'ail
½ bouquet de basilic
600 g d'anneaux de calmars
le jus d'½ citron
1 filet d'huile d'olive pour la poêle
sel et poivre

Astuce_ Pour aller plus vite, faites chauffer l'eau à la bouilloire.

Risotto au safran et saint-jacques poêlées

PRÉPARATION + CUISSON 1 H | **COÛT** ★★★ | **DIFFICULTÉ** ★★★

1 Préparez le bouillon : dans une casserole, portez à ébullition 1,5 l d'eau. Quand elle bout, ajoutez les cubes de bouillon et mélangez bien pour les diluer. Lavez les blancs de poireaux et émincez-les finement.

2 Dans un faitout, faites chauffer le premier filet d'huile. Ajoutez les poireaux et faites-les fondre 8 min environ. Salez et poivrez. Pendant ce temps, rincez les noix de saint-jacques. Lavez le cerfeuil et coupez-le finement. Épluchez les échalotes et émincez-les.

3 Puis ajoutez le riz dans le faitout et faites-le cuire 2 min à feu doux jusqu'à ce qu'il devienne translucide, en remuant. Versez le vin et continuez de mélanger. Une fois le vin absorbé, ajoutez 1 louche de bouillon. Poursuivez la cuisson jusqu'à ce que le bouillon soit bien absorbé en mélangeant constamment. Répétez l'opération louche après louche jusqu'à ce qu'il n'y ait plus de bouillon, toujours en remuant (25 min environ).

4 Pendant ce temps, dans une casserole, faites chauffer la noix de beurre. Ajoutez les échalotes et faites-les revenir 3 min. Versez les 4 cuil. à soupe de vin blanc et laissez cuire 2 min. Puis ajoutez la crème. Salez et poivrez. Laissez cuire 4 min à nouveau. Ajoutez le safran et le cerfeuil.

5 Épluchez la gousse d'ail et hachez-la. Dans une poêle antiadhésive, faites chauffer le second filet d'huile. Ajoutez l'ail et les saint-jacques et faites-les poêler 6 min en les retournant régulièrement.

6 À la fin de la cuisson du risotto et hors du feu, ajoutez la sauce au safran dans le faitout. Salez et poivrez selon vos goûts. Mélangez et laissez reposer 2 min. Servez le risotto dans 6 assiettes creuses et ajoutez 2 noix de saint-jacques au centre.

Les ingrédients pour 6 personnes

Pour le risotto

2 cubes de bouillon de légumes
3 blancs de poireaux
12 belles noix de saint-jacques avec leur corail
400 g de riz arborio
15 cl de vin blanc sec
1 gousse d'ail
2 beaux filets d'huile d'olive
sel et poivre

Pour la sauce au safran

½ bouquet de cerfeuil
2 échalotes
4 cuil. à soupe de vin blanc sec
15 cl de crème fraîche
½ dosette de safran en poudre
1 noix de beurre pour la casserole

Risotto fondant au chocolat et aux fruits secs

PRÉPARATION + CUISSON 30 MIN | **COÛT ★ | DIFFICULTÉ ★**

1 Dans une casserole, faites chauffer le lait avec la demi-gousse de vanille fendue en deux sans le laisser bouillir. Coupez les figues, les abricots et les dattes en petits morceaux.

2 Dans une grande casserole à feu doux, faites fondre le beurre et ajoutez le riz puis la cannelle. Laissez cuire 2 min sans cesser de remuer. Puis versez un verre de lait chaud dans la casserole. Remuez sans cesse à l'aide d'une cuillère en bois jusqu'à absorption du lait.

3 Une fois le lait absorbé, répétez l'opération jusqu'à épuisement du lait (en laissant la vanille dans le fond de la casserole). Hors du feu, ajoutez le chocolat en petits morceaux et le sucre. Mélangez jusqu'à ce que le chocolat soit bien fondu. Dans un mortier, concassez grossièrement les noisettes. Quand le risotto est prêt, ajoutez sur le dessus les fruits secs et les noisettes. Servez *illico presto*.

Les ingrédients pour 4 à 6 personnes

- 1 l de lait
- ½ gousse de vanille
- 75 g de figues séchées
- 75 g d'abricots secs
- 50 g de dattes
- 40 g de beurre
- 200 g de riz arborio
- 4 pincées de cannelle en poudre
- 100 g de chocolat noir
- 125 g de sucre en poudre
- 50 g de noisettes entières non salées

la botte secrète d'aude et leslie

Pour une version encore plus festive, servez votre risotto dans des verres transparents avec quelques copeaux de glace à la noisette et des éclats de noix de macadamia... Un peu « sploutch » mais trop bon !

le tuyau de laurence

Ajoutez quelques rondelles de banane légèrement citronnées en accompagnement.

le truc de stéphan

À tenter aussi avec du chocolat blanc... Dans ce cas, mettez moins de sucre au début.

Risotto aux fraises et aux fraises des bois

PRÉPARATION + CUISSON 25 MIN | **COÛT** ★★ | **DIFFICULTÉ** ★

→ À SERVIR BIEN ÉVIDEMMENT AVEC DES CIGARETTES RUSSES OU DES GAVOTTES...

1 Lavez les gariguettes et coupez-les en 2 ou en 4 selon leur grosseur. Rincez les fraises des bois et séchez-les délicatement en les posant sur du papier absorbant.

2 Dans une grande casserole à feu doux, faites fondre le beurre et ajoutez le riz. Laissez cuire 2 min sans cesser de remuer. Puis versez un verre de lait dans la casserole. Remuez sans cesse à l'aide d'une cuillère en bois jusqu'à absorption du lait.

3 Une fois le lait absorbé, répétez l'opération jusqu'à épuisement du lait. Hors du feu, ajoutez le sucre vanillé et la confiture de fraises. Mélangez bien. Ajoutez les fraises des bois et les gariguettes sur le dessus.

Les ingrédients pour 4 à 6 personnes

100 g de fraises gariguettes
125 g de fraises des bois
40 g de beurre
200 g de riz arborio
1 l de lait
1 sachet de sucre vanillé
5 cuil. à soupe de confiture de fraises

la botte secrète d'aude et leslie

Pour ne jamais vous lasser de ce super risotto 100 % sucré, variez les confitures... pourquoi pas à la mûre ou aux fruits rouges ?

Risotto aux figues et à la confiture de griottes

PRÉPARATION + CUISSON 30 MIN I **COÛT** ★ I **DIFFICULTÉ** ★★

→ UNE RECETTE PLEINE DE SAVEURS. ENTRE LES FIGUES POÊLÉES AU BEURRE SALÉ ET LA CONFITURE DE GRIOTTES, NOS PAPILLES NE SAVENT PLUS OÙ DONNER DE LA TÊTE !

1 Rincez les figues et coupez-les en 2. Dans une poêle antiadhésive, faites chauffer la noix de beurre salé. Ajoutez le miel et faites-le caraméliser quelques instants. Ajoutez les figues et laissez-les cuire 5 min environ en les retournant régulièrement. Conservez hors du feu.

2 Dans une grande casserole à feu doux, faites fondre le beurre et ajoutez le riz. Laissez cuire 2 min sans cesser de remuer. Puis versez un verre de lait dans la casserole. Remuez sans cesse à l'aide d'une cuillère en bois jusqu'à absorption du lait.

3 Une fois le lait absorbé, répétez l'opération jusqu'à épuisement du lait. Hors du feu, ajoutez le sucre vanillé et la confiture de griottes. Mélangez bien. Ajoutez les figues poêlées sur le dessus.

Les ingrédients pour 4 à 6 personnes

10 figues mûres
1 noix de beurre salé
4 cuil. à soupe de miel liquide
40 g de beurre
200 g de riz arborio
1 l de lait
1 sachet de sucre vanillé
5 cuil. à soupe de confiture de griottes

la botte secrète d'aude et leslie

En ajoutant quelques pincées de cannelle en poudre dans la poêlée de figues, c'est divin !

le truc de stéphan

Agrémentez la recette en y ajoutant en fin de cuisson 100 g de cerises fraîches dénoyautées et grossièrement hachées.

Risotto au lait d'amande et aux pralines

PRÉPARATION + CUISSON 25 MIN | **REPOS** 20 À 25 MIN | **COÛT** ★ | **DIFFICULTÉ** ★ |

MATÉRIEL SPÉCIFIQUE 1 FILTRE À CAFÉ

Les ingrédients pour 4 à 6 personnes

1 l de lait
100 g de poudre d'amandes
40 g de beurre
200 g de riz arborio
150 g de sucre en poudre
1 poignée de pralines roses
1 poignée de chouchous (cacahuètes caramélisées)

1 Dans une casserole, faites chauffer le lait avec la poudre d'amandes. Quand il bout, retirez la casserole du feu, couvrez-la et laissez reposer 20 à 25 min. Puis filtrez le lait à travers un filtre à café.

2 Dans une grande casserole à feu doux, faites fondre le beurre et ajoutez le riz. Laissez cuire 2 min sans cesser de remuer. Puis versez un verre de lait d'amande dans la casserole. Remuez sans cesse à l'aide d'une cuillère en bois jusqu'à absorption du lait.

3 Une fois le lait absorbé, répétez l'opération jusqu'à épuisement du lait. Hors du feu, ajoutez le sucre. Mélangez bien.

4 Répartissez votre risotto dans des coupes ou des verres transparents et déposez les pralines et les chouchous au centre.

le tuyau de laurence

Servez ce risotto encore tiède avec une boule de sorbet à la poire. Divin !

Risotto au lait de coco et mangues caramélisées

PRÉPARATION + CUISSON 30 MIN | **COÛT** ★★ | **DIFFICULTÉ** ★★

Les ingrédients pour 4 à 6 personnes

2 mangues
50 cl de lait
50 cl de lait de coco
1 gousse de vanille
80 g de beurre
250 g de riz arborio
3 cuil. à soupe de miel liquide
100 g de sucre en poudre
2 cuil. à soupe de noix de coco râpée

1 Épluchez les mangues et coupez-les en lamelles. Dans une casserole, faites chauffer le lait avec le lait de coco et la gousse de vanille fendue en deux, sans laisser bouillir.

2 Dans une grande casserole à feu doux, faites fondre la moitié du beurre (40 g) et ajoutez le riz. Laissez cuire 2 min sans cesser de remuer. Puis versez un verre de lait chaud coco-vanille dans la casserole. Remuez sans cesse à l'aide d'une cuillère en bois jusqu'à absorption du lait. Une fois le lait absorbé, répétez l'opération jusqu'à épuisement du lait.

3 Pendant ce temps, dans une poêle antiadhésive à feu vif, faites fondre l'autre moitié du beurre (40 g). Ajoutez les lamelles de mangues et faites-les revenir 2 min environ en mélangeant régulièrement. Puis versez le miel liquide et laissez caraméliser 10 min environ en mélangeant régulièrement.

4 À la fin de la cuisson et hors du feu, ajoutez le sucre. Mélangez bien. Puis servez votre risotto avec les lamelles de mangues caramélisées. Parsemez le tout de noix de coco râpée.

Astuce_ Pour parfumer encore plus votre lait, fendez en deux la gousse de vanille dans le sens de la longueur et grattez l'intérieur avec la pointe d'un couteau. Déposez la gousse et les petites graines noires dans la casserole.

Salade de riz aux poivrons marinés, mozza et basilic

PRÉPARATION 15 MIN | **CUISSON** 12 MIN | **COÛT** ★ | **DIFFICULTÉ** ★

1 Dans une grande casserole d'eau bouillante salée, faites cuire le riz comme indiqué sur le paquet (12 min environ).

2 Pendant ce temps, égouttez les poivrons et les tomates confites et coupez-les en 2 ou en 3. Égouttez la mozzarella. Lavez la roquette et essorez-la. Lavez le basilic et coupez-le finement en conservant quelques feuilles entières pour la déco. Dans un grand saladier, mélangez l'huile, le vinaigre et le basilic ciselé. Salez et poivrez généreusement.

3 Une fois le riz cuit, égouttez-le bien et passez-le sous l'eau froide. Puis égouttez-le à nouveau. Déposez-le dans le saladier et mélangez bien. Ajoutez les tomates confites, les poivrons marinés, la mozza, la roquette et les olives. Rectifiez l'assaisonnement. Mélangez à nouveau et servez *illico presto*.

Les ingrédients pour 4 personnes

200 g de riz long grain
200 g de poivrons marinés à l'huile d'olive
10 tomates confites à l'huile d'olive
200 g de mini-boules de mozzarella
1 poignée de roquette
2 poignées d'olives noires aux herbes de Provence

Pour l'assaisonnement

½ bouquet de basilic
4 cuil. à soupe d'huile d'olive
2 cuil. à soupe de vinaigre balsamique
sel et poivre

Astuce_ Sachez qu'on trouve des poivrons marinés chez les traiteurs italiens ou vendus en bocaux dans les supermarchés (ces derniers sont certes moins chers mais moins savoureux).

la botte secrète d'aude et leslie

Pour apporter une petite touche de fraîcheur, ajoutez 2 poignées de tomates cerises...

le verre de vin qui va bien

Vous pouvez servir ce risotto avec un rouge léger comme un saumur-champigny par exemple.

Salade de riz sauvage, poulet au curry et coriandre

PRÉPARATION 20 MIN | **CUISSON** 18 MIN | **COÛT** ★★ | **DIFFICULTÉ** ★★

1 Dans une grande casserole d'eau bouillante salée, faites cuire le riz comme indiqué sur le paquet (18 min environ).

2 Pendant ce temps, coupez les blancs de poulet en petits morceaux à l'aide de ciseaux. Dans une poêle antiadhésive, faites chauffer le filet d'huile. Ajoutez les blancs de poulet et la demi-cuillère à café de curry et laissez-les cuire 8 min environ jusqu'à ce qu'ils soient bien dorés. Mélangez régulièrement.

3 Préparez la sauce : lavez et coupez finement la coriandre. Dans un grand saladier, mélangez l'huile d'olive et la sauce soja. Ajoutez le tiers de cuillère à café de curry et la coriandre.

4 Une fois le riz cuit, égouttez-le et passez-le sous l'eau froide. Puis égouttez-le à nouveau, déposez-le dans le saladier et mélangez bien. Ajoutez le poulet et les noix de cajou dans le saladier. Rectifiez l'assaisonnement. Mélangez bien et servez *illico presto*.

Les ingrédients pour 4 personnes

200 g de riz sauvage (mélange de 3 riz)
3 blancs de poulet
½ cuil. à café de curry en poudre
1 poignée de noix de cajou
1 filet d'huile d'olive pour la poêle
sel et poivre

Pour l'assaisonnement

½ botte de coriandre
4 cuil à soupe d'huile d'olive
2 cuil. à café de sauce soja
⅓ cuil. à café de curry en poudre

Astuce_ Sachez qu'on trouve des mélanges de 3 riz dans les supermarchés. Sinon, vous pouvez utiliser 150 g de riz basmati et 50 g de riz sauvage.

le tuyau de laurence

J'adore ajouter quelques raisins blonds à cette recette, le mariage est très agréable.

Salade de riz, crabe, pamplemousse & Co

PRÉPARATION 20 MIN | **CUISSON** 18 MIN | **COÛT** ★★ | **DIFFICULTÉ** ★

1 Dans une grande casserole d'eau bouillante salée, faites cuire le riz comme indiqué sur le paquet (18 min environ).

2 Pendant ce temps, pelez le demi-pamplemousse à vif en enlevant la peau blanche puis découpez-le en tranches. Lavez la mâche et essorez-la. Coupez l'avocat en dés et arrosez-les de jus de citron. Égouttez le crabe et émiettez-le. Rincez les crevettes et séchez-les.

3 Préparez la sauce : dans un grand saladier, mélangez les yaourts avec la mayonnaise et la moutarde. Salez et poivrez. Mélangez bien.

4 Une fois le riz cuit, égouttez-le et passez-le sous l'eau froide. Puis égouttez-le à nouveau et déposez-le dans le saladier. Mélangez bien. Ajoutez le crabe, les crevettes, l'avocat, la mâche et le pamplemousse dans le saladier, en gardant un peu de garniture pour la déco sur le dessus. Rectifiez l'assaisonnement. Mélangez bien et c'est prêt !

Les ingrédients pour 4 à 6 personnes

180 g de riz thaï
½ pamplemousse rose
1 sachet de mâche
1 avocat
le jus d'½ citron vert
1 boîte de chair de crabe (175 g environ)
1 petite boîte de crevettes roses (100 g environ poids net égoutté)

Pour l'assaisonnement

2 yaourts crémeux nature (type Crème de yaourt)
2 cuil. à soupe de mayonnaise
1 cuil. à soupe de moutarde forte
sel et poivre

Astuces_ • Pour peler un pamplemousse à vif, commencez par enlever le haut et le bas du fruit en coupant un peu dans la pulpe. Posez-le ensuite sur l'une de ses bases et enlevez la peau en mordant dans la chair, à l'aide d'un couteau. • Pour d'autres saveurs, troquez l'avocat contre du fenouil ou la mâche contre des pousses d'épinard.

le truc de stéphan

Le jour où vous avez le temps, cuisez 2 beaux tourteaux et décortiquez-les.

Salade de riz complet, concombre, feta et duo de tomates

PRÉPARATION 15 MIN | **CUISSON** 15 MIN | **COÛT** ★ | **DIFFICULTÉ** ★

Les ingrédients pour 4 personnes

160 g de riz complet
1 concombre
300 g de feta aux herbes
12 tomates confites à l'huile d'olive
4 tomates

Pour l'assaisonnement

4 brins de menthe
½ botte de ciboulette
4 cuil. à soupe d'huile d'olive
2 cuil. à soupe de vinaigre de vin rouge
½ cuil. à soupe de moutarde
sel et poivre

1 Dans une grande casserole d'eau bouillante salée, faites cuire le riz comme indiqué sur le paquet (15 min environ).

2 Pendant ce temps, épluchez le concombre en enlevant une bande de peau sur deux à l'aide d'un couteau économe puis coupez-le en petits cubes. Égouttez la feta et les tomates confites et coupez-les en morceaux. Lavez les tomates, épépinez-les légèrement et coupez-les en cubes. Lavez la menthe et la ciboulette et coupez-les finement.

3 Préparez la sauce : dans un grand saladier, mélangez l'huile, le vinaigre et la moutarde. Salez et poivrez. Ajoutez les fines herbes. Mélangez bien.

4 Une fois le riz cuit, égouttez-le et passez-le sous l'eau froide. Puis égouttez-le à nouveau et déposez-le dans le saladier. Ajoutez le concombre, les tomates fraîches et confites et la feta dans le saladier. Rectifiez l'assaisonnement. Mélangez bien et c'est prêt !

la botte secrète d'aude et leslie

Avec quelques olives noires ou vertes, c'est carrément le top...

le tuyau de laurence

Le riz complet a un léger petit goût de noisette très agréable. Pour le renforcer, remplacez la moitié de l'huile d'olive par de l'huile de noisette.

Salade de riz du dimanche soir

PRÉPARATION 15 MIN | **CUISSON** 2 MIN | **COÛT** ★ | **DIFFICULTÉ** ★

→ ÇA NE COUPAIT JAMAIS : TOUS LES DIMANCHES SOIR, AUDE RÉCLAMAIT CETTE SALADE DE RIZ À SA MAMAN. ELLE EST TOUTE SIMPLE ET POURTANT...

1 Dans une casserole d'eau bouillante salée, faites cuire les œufs jusqu'à ce qu'ils soient durs (10 min). Faites cuire le riz 2 min au micro-ondes (encore dans son sachet).

2 Pendant ce temps, lavez les tomates et coupez-les en quartiers. Égouttez le maïs et le thon. Préparez la sauce : dans un grand saladier, mélangez l'huile, le vinaigre et la moutarde. Salez et poivrez. Une fois les œufs cuits, égouttez-les et écalez-les sous l'eau froide. Puis coupez-les en rondelles.

3 Une fois le riz cuit, égouttez-le et passez-le sous l'eau froide. Puis égouttez-le à nouveau et déposez-le dans le saladier. Mélangez bien pour que le riz s'imprègne de sauce. Puis ajoutez les tomates, le maïs, les œufs durs et le thon. Rectifiez l'assaisonnement. Mélangez délicatement et c'est prêt.

Les ingrédients pour 4 personnes

5 œufs
1 sachet de riz long grain cuisson rapide (125 g)
5 tomates
1 boîte moyenne de maïs (300 g environ poids net total)
1 grosse boîte de thon à l'huile d'olive (200 g environ poids net total)

Pour l'assaisonnement

4 cuil. à soupe d'huile d'olive
2 cuil. à soupe de vinaigre de vin rouge
½ cuil. à soupe de moutarde
sel et poivre

Astuces_ • À vous de customiser cette salade de riz en ajoutant des olives, des fines herbes ou encore des filets d'anchois. • Si vous ne trouvez pas de sachet cuisson rapide, rabattez-vous sur du riz long grain cuisson normale (12 min).

Salade de riz, aubergines, courgettes et copeaux de parmesan

PRÉPARATION 20 MIN | **CUISSON** 12 MIN | **COÛT** ★ | **DIFFICULTÉ** ★

1 Dans une grande casserole d'eau bouillante salée, faites cuire le riz comme indiqué sur le paquet (12 min environ).

2 Pendant ce temps, épluchez la gousse d'ail et hachez-la. Lavez l'aubergine et les courgettes et coupez-les en petits dés. Dans une grande poêle, faites chauffer le filet d'huile. Ajoutez l'ail et faites-le revenir 2 min. Ajoutez l'aubergine et les courgettes. Salez et poivrez généreusement. Laissez cuire 12 min en mélangeant régulièrement. N'hésitez pas à rajouter un peu d'huile en cours de cuisson.

3 Pendant ce temps, découennez le jambon et coupez-le en lanières. Dans un grand saladier, mélangez l'huile et le vinaigre. Salez et poivrez. Une fois le riz cuit, égouttez-le et passez-le sous l'eau froide. Puis égouttez-le à nouveau et déposez-le dans le saladier. Ajoutez les légumes poêlés, le jambon et les copeaux de parmesan. Rectifiez l'assaisonnement. Mélangez bien et c'est prêt !

Les ingrédients pour 4 personnes

180 g de riz long grain
1 gousse d'ail
1 aubergine
2 courgettes
6 tranches de jambon Serrano
200 g de copeaux de parmesan
1 beau filet d'huile d'olive pour la poêle
sel et poivre

Pour la sauce

4 cuil. à soupe d'huile d'olive
2 cuil. à soupe de vinaigre balsamique
sel et poivre

Astuce_ Pour plus de parfum, ajoutez quelques pincées d'herbes de Provence dans la poêlée de légumes.

la botte secrète d'aude et leslie

En troquant le vinaigre balsamique contre 1 belle cuil. à soupe de tapenade, vous emballerez vos papilles...

Salade de riz basmati, dés de thon épicés et poivrons

PRÉPARATION 25 MIN | **CUISSON** 18 MIN | **MARINADE** 20 MIN | **COÛT** ★★ | **DIFFICULTÉ** ★★

→ VOICI UNE SALADE DE RIZ PARFAITE POUR VOS BRUNCHS, PIQUE-NIQUES OU BUFFETS. À DÉVORER TIÈDE OU FROIDE SELON VOS ENVIES...

1 Rincez les steaks de thon et coupez-les en cubes de 1,5 cm. Épluchez les gousses d'ail et hachez-les. Dans un plat, mélangez bien les 15 cl d'huile avec la purée de piment et l'ail. Ajoutez les dés de thon. Salez et poivrez. Laissez mariner 20 min au frais en retournant le thon régulièrement.

2 Dans une grande casserole d'eau bouillante salée, faites cuire le riz comme indiqué sur le paquet (18 min environ). Pendant ce temps, lavez les poivrons et les tomates, épépinez-les et coupez-les en morceaux. Lavez le persil plat et coupez-le finement. Dans un grand saladier, mélangez les 6 cuil. à soupe d'huile avec la pâte de tomates séchées.

3 À la fin de la marinade, égouttez les dés de thon. Dans une poêle antiadhésive, faites cuire le thon et l'ail 4 min en mélangeant régulièrement. Salez et poivrez.

4 Une fois le riz cuit, égouttez-le et passez-le sous l'eau froide. Puis égouttez-le à nouveau et déposez-le dans le saladier. Ajoutez les poivrons, les olives, les tomates et le persil plat. Mélangez et rectifiez l'assaisonnement. Ajoutez les dés de thon au centre et servez *illico presto*.

Les ingrédients pour 4 personnes

3 steaks de thon
150 g de riz basmati
2 poivrons verts
2 tomates
½ bouquet de persil plat
6 cuil. à soupe d'huile d'olive
3 cuil. à soupe de pâte de tomates séchées à l'huile d'olive
1 belle poignée d'olives vertes dénoyautées

Pour la marinade

2 gousses d'ail
15 cl d'huile d'olive
½ cuil. à café de purée de piment
sel et poivre

Astuces_ • Sachez que vous trouverez de la pâte de tomates séchées dans les supermarchés. • Pensez à jouer sur la couleur des poivrons...

Salade de riz quasi-niçoise

PRÉPARATION 25 MIN | **CUISSON** 18 MIN | **COÛT** ★ | **DIFFICULTÉ** ★★

→ VOICI UNE PETITE SALADE QU'ON ADORE SE PRÉPARER À L'HEURE DU DÉJEUNER...

1 Équeutez les haricots verts. Faites chauffer 3 casseroles d'eau salée. Quand elles bouillent, faites cuire dans la 1re le riz comme indiqué sur le paquet (18 min), dans la 2e les œufs jusqu'à ce qu'ils soient durs (10 min) et dans la 3e les haricots verts (10 min).

2 Pendant ce temps, épluchez l'oignon et coupez-le finement. Lavez les tomates et les cœurs de laitue dont vous détacherez les feuilles. Égouttez les filets d'anchois, coupez-en 7 en petits morceaux et conservez les autres entiers. Égouttez le thon et émiettez-le.

3 Dans un mortier, concassez les noix de cajou. Dans un grand saladier, mélangez l'huile, le vinaigre, la moutarde et les noix de cajou. Salez et poivrez. Une fois les haricots cuits, égouttez-les. Une fois les œufs prêts, écalez-les sous l'eau froide et coupez-les en rondelles.

4 Quand le riz est cuit, égouttez-le et passez-le sous l'eau froide. Puis égouttez-le à nouveau et déposez-le dans le saladier. Ajoutez le thon, les anchois coupés, l'oignon, les olives, les tomates cerises, les haricots et les œufs. Mélangez bien.

5 Tapissez le bord de 4 grands bols (ou 6 petits) de feuilles de laitue. Répartissez la salade de riz au centre et ajoutez deux filets d'anchois par bol. Rectifiez l'assaisonnement. Servez *illico presto*.

Les ingrédients pour 4 à 6 personnes

200 g de haricots verts
160 g de riz long grain
4 œufs
1 oignon rouge
16 tomates cerises
3 cœurs de laitue (type sucrine)
15 filets d'anchois
1 grosse boîte de thon à l'huile d'olive (200 g environ poids net total)
2 poignées d'olives noires de Nice

Pour l'assaisonnement

1 poignée de noix de cajou
6 cuil. à soupe d'huile d'olive
3 cuil. à soupe de vinaigre de vin
1 cuil. à soupe de moutarde
sel et poivre

Astuce_ Nous, les noix de cajou, c'est notre petit péché mignon mais n'hésitez pas à les zapper pour une version plus traditionnelle.

recette**pour**épater...

Jambalaya comme à la Nouvelle-Orléans

PRÉPARATION 40 MIN | **CUISSON** 20 À 25 MIN | **COÛT** ★★ | **DIFFICULTÉ** ★★★

Les ingrédients pour 6 personnes

2 cubes de bouillon de volaille
2 blancs de poulet
1 tranche épaisse de jambon blanc (150 g)
250 g de chorizo
250 g de riz long grain
1 cuil. à café d'origan
3 pincées de thym
1 clou de girofle
5 pincées de piment de Cayenne
4 brins de persil plat
20 grosses crevettes roses cuites décortiquées
2 filets d'huile d'olive
sel et poivre

Pour les légumes

5 tomates pelées en conserve
2 gousses d'ail
2 oignons
1 poivron vert
1 branche de céleri
2 cuil. à soupe de concentré de tomates

1 Faites chauffer 75 cl d'eau dans une casserole. Quand elle bout, ajoutez les cubes de bouillon. Remuez bien pour les diluer. Égouttez les tomates, épépinez-les grossièrement et coupez-les en morceaux. Coupez les blancs de poulet et le jambon en morceaux à l'aide de ciseaux. Coupez le chorizo en rondelles pas trop fines. Épluchez les gousses d'ail et hachez-les. Épluchez les oignons et coupez-les finement. Lavez le poivron et le céleri et coupez-les en petits morceaux.

2 Dans une poêle, faites chauffer 1 filet d'huile. Ajoutez le poulet et faites-le revenir 3 min. Puis ajoutez le chorizo et le jambon. Poursuivez la cuisson 2 min. Conservez hors du feu.

3 Dans une cocotte à feu doux, faites chauffer le second filet d'huile. Ajoutez les oignons, l'ail, le poivron et le céleri. Laissez cuire 4 min en mélangeant sans cesse. Puis versez le riz et faites-le cuire 2 min en remuant. Ajoutez le jambon, le chorizo, le poulet, le concentré de tomates et les tomates pelées.

4 Puis versez le bouillon de volaille chaud, l'origan, le thym, le clou de girofle et le piment. Salez et poivrez. Couvrez et laissez mijoter 20 à 25 min environ en mélangeant régulièrement. Pendant ce temps, lavez le persil et coupez-le finement. Cinq minutes avant la fin de la cuisson, ajoutez les crevettes dans votre jambalaya. Rectifiez l'assaisonnement puis servez le tout *illico presto* parsemé de persil plat.

la botte secrète d'aude et leslie

Pour rendre vos crevettes encore plus savoureuses, vous pouvez les faire poêler 2 min dans un beau filet d'huile d'olive et les faire flamber dans 2 cuil. à soupe de cognac. Un régal qui en jette !

le verre de vin qui va bien

Cette recette a du cran... donnez-lui un vin de caractère. Essayez un faugères rouge. On trouve maintenant de superbes bouteilles à des prix raisonnables.

Riz pilaf

PRÉPARATION 10 MIN | **CUISSON** 20 À 25 MIN | **COÛT** ★ | **DIFFICULTÉ** ★

→ PETITES, C'ÉTAIT NOTRE PLAT PRÉFÉRÉ À LA CANTINE... AUJOURD'HUI, ON LE SERT DÈS QUE L'OCCASION SE PRÉSENTE AVEC DES CÔTELETTES D'AGNEAU GRILLÉES, UN FILET DE SOLE OU MÊME DES TOMATES FARCIES.

1 Faites chauffer 60 cl d'eau dans une casserole. Quand elle bout, ajoutez les cubes de bouillon. Remuez bien pour les diluer. Épluchez les oignons et coupez-les finement.

2 Dans une grande casserole, faites fondre 1 noix de beurre. Ajoutez les oignons et faites-les revenir 4 min environ. Puis versez le riz et faites-le cuire 2 min en remuant. Ajoutez le bouillon de volaille. Salez et poivrez. Laissez cuire 20 à 25 min à feu doux. Votre riz pilaf est prêt quand le bouillon a été absorbé et que les grains de riz sont tendres. À la fin de la cuisson, laissez reposer 3 min avant d'ajouter la seconde noix de beurre. Mélangez et c'est prêt.

Les ingrédients pour 6 personnes

2 cubes de bouillon de volaille
2 oignons
300 g de riz long grain
2 noix de beurre
sel et poivre

Astuce_ À vous de customiser votre riz pilaf en variant les bouillons ou en ajoutant des raisins secs.

la botte secrète d'aude et leslie

Nous, on adore ajouter quelques lardons poêlés dans notre riz pilaf...

le tuyau de laurence

Moi, j'ajoute 2 cuil. à café de curry en poudre en début de cuisson et je le sers avec des petits raisins secs blonds et quelques amandes effilées.

Riz cantonais à ma façon

PRÉPARATION 25 MIN | **CUISSON** 18 MIN | **COÛT** ★ | **DIFFICULTÉ** ★★

→ LESLIE, EN BONNE FAN DE CUISINE ASIATIQUE, ADORE PRÉPARER CE BON PETIT PLAT À SON AMOUREUX. AVEC QUELQUES NEMS ET DES BOUCHÉES AUX CREVETTES, C'EST LE TOP !

1 Dans une grande casserole d'eau bouillante salée, faites cuire le riz comme indiqué sur le paquet (18 min environ). Pendant ce temps, épluchez les oignons et coupez-les finement. Découennez le jambon et coupez-le en petits dés. Dans un bol, battez les œufs en omelette. Salez et poivrez.

2 Dans une poêle, faites chauffer 1 filet d'huile. Versez les œufs et laissez-les cuire jusqu'à ce que l'omelette prenne sans la mélanger. Retirez-la de la poêle puis coupez-la en fines lanières. Rincez les crevettes. Une fois le riz cuit, égouttez-le bien.

3 Dans une sauteuse, faites chauffer le second filet d'huile. Ajoutez les oignons et le paprika et faites revenir le tout 4 min environ. Puis ajoutez les petits pois surgelés et laissez-les cuire 3 min. Puis ajoutez les crevettes, le jambon et le riz et poursuivez la cuisson 3 min environ en mélangeant bien. Ajoutez les lanières d'omelette et déposez le riz cantonais dans un plat. Servez *illico presto* avec la sauce soja.

Les ingrédients pour 4 personnes

250 g de riz thaï
2 oignons
1 tranche épaisse de jambon à l'os (180 g environ)
3 œufs
1 barquette de petites crevettes roses décortiquées (100 g environ)
5 pincées de paprika en poudre
5 cuil. à soupe de petits pois surgelés
sauce soja
2 filets d'huile d'arachide
sel et poivre

le truc de stéphan

Dans la région de Shanghai, on prépare une recette proche de celle-ci dans laquelle on ajoute un peu de gingembre frais. Superbe !

Riz épicé aux dés de poulet tandoori

PRÉPARATION 25 MIN I **CUISSON** 20 MIN I **MARINADE** 40 MIN I **COÛT** ★ I **DIFFICULTÉ** ★★

1 Coupez les blancs de poulet en morceaux à l'aide de ciseaux. Pressez le citron. Dans un plat creux, mélangez la pâte tandoori avec le jus de citron. Salez légèrement et poivrez. Ajoutez le poulet. Laissez mariner 40 min.

2 Pendant ce temps, faites chauffer 45 cl d'eau dans une casserole. Quand elle bout, ajoutez le cube de bouillon. Remuez bien pour le diluer. Épluchez les oignons et coupez-les finement.

3 Dans une grande casserole, faites fondre 1 noix de beurre. Ajoutez les oignons et les clous de girofle. Faites revenir le tout 3 min environ. Puis versez le riz et faites-le cuire 2 min en remuant. Ajoutez le bouillon. Salez et poivrez. Laissez cuire 15 à 20 min à feu doux. Votre riz est prêt quand le bouillon a été absorbé et que les grains de riz sont tendres. À la fin de la cuisson, laissez reposer 3 min avant d'ajouter la seconde noix de beurre. Mélangez bien.

4 Pendant ce temps, préchauffez le gril du four. Lavez, épépinez et coupez les poivrons en carrés de même taille que le poulet. Arrosez-les du filet d'huile d'olive. Sur 6 piques à brochette, alternez successivement poulet et poivron et déposez-les sur la grille du four recouverte de papier sulfurisé. Mettez les brochettes au four et laissez-les cuire 15 min environ.

5 Lavez la coriandre et coupez-la finement. Répartissez le riz dans 6 grands bols et posez une brochette de poulet tandoori en travers de chaque bol. Parsemez le tout de coriandre ciselée.

Les ingrédients pour 6 personnes

Pour le riz aux épices

1 cube de bouillon aux épices
4 oignons nouveaux
2 clous de girofle
250 g de riz long grain
2 noix de beurre
sel et poivre

Pour le poulet tandoori

4 beaux blancs de poulet
1 citron vert
3 cuil. à soupe de pâte tandoori
1 poivron rouge
1 poivron vert
½ bouquet de coriandre
1 filet d'huile d'olive
sel et poivre

la botte secrète d'aude et leslie

Voici une recette super *spicy*... Pour adoucir les papilles, n'hésitez pas à tremper vos dés de poulet dans du yaourt juste salé et poivré. Hmmm !

Riz aux deux *pesto* et *tutti quanti*

PRÉPARATION 15 MIN | **CUISSON** 12 MIN | **COÛT** ★ | **DIFFICULTÉ** ★

1 Dans une casserole d'eau bouillante salée, faites cuire les 2 sachets de riz comme indiqué sur le paquet (12 min environ).

2 Pendant ce temps, égouttez la mozza et la feta et coupez-les en dés. Lavez le basilic, la roquette et les tomates cerises. Ciselez le basilic. Dans un premier saladier, mélangez 3 cuil. à soupe d'huile avec le *pesto verde* et dans un second les 3 autres cuil. à soupe d'huile avec le *pesto rosso*.

3 Quand le riz est cuit, égouttez-le bien et déposez la moitié dans le saladier de *pesto verde* et l'autre moitié dans le saladier de *pesto rosso*. Mélangez bien pour que le riz s'imprègne de la sauce. Ajoutez la mozza, les olives et la roquette dans le premier saladier et la feta, le basilic et les tomates dans le second. Servez *illico presto*.

Les ingrédients pour 4 personnes

Pour le riz au pesto verde

1 sachet de riz long grain (125 g)
125 g de mozzarella
1 poignée de roquette
3 cuil. à soupe d'huile d'olive
1 cuil. à soupe de sauce *pesto verde*
1 poignée d'olives vertes dénoyautées
sel et poivre

Pour le riz au pesto rosso

1 sachet de riz long grain (125 g)
150 g de feta
12 feuilles de basilic
12 tomates cerises
3 cuil. à soupe d'huile d'olive
1 cuil. à soupe de sauce *pesto rosso*

le verre de vin qui va bien

Avec ce superbe riz, servez un bon vin de Loire. Et pourquoi pas un saumur-champigny ?

Paella comme là-bas

PRÉPARATION 30 MIN | **CUISSON** 20 À 25 MIN | **COÛT** ★★ | **DIFFICULTÉ** ★★

Les ingrédients pour 6 personnes

- 1 cube de court-bouillon
- 3 oignons
- 1 poivron rouge
- 3 tomates pelées (en conserve)
- 300 g d'anneaux de calmars
- 6 morceaux de poulet
- 500 g de riz long grain
- 1 dose de safran
- 200 g de chorizo fort
- 12 moules d'Espagne
- 10 cl de vin blanc sec
- 12 grosses crevettes cuites
- 1 beau filet d'huile pour la cocotte
- sel et poivre

1 Dans une casserole, faites bouillir 1 l d'eau. Quand elle bout, ajoutez le cube de court-bouillon et remuez bien pour le diluer. Épluchez les oignons et coupez-les finement. Lavez et épépinez le poivron et coupez-le en lamelles. Égouttez les tomates pelées, épépinez-les grossièrement et coupez-les en morceaux. Rincez les anneaux de calmars.

2 Dans une poêle à paella ou une cocotte, faites chauffer le filet d'huile. Ajoutez les oignons et le poivron et faites-les revenir 5 min environ. Puis ajoutez le poulet et les calmars. Laissez cuire 5 min à nouveau. Ajoutez le riz, les tomates, le safran et le court-bouillon. Salez et poivrez. Laissez cuire 20 à 25 min environ à feu doux.

3 Pendant ce temps, ôtez la peau du chorizo et coupez-le en rondelles. Puis faites ouvrir les moules lavées à couvert dans un faitout avec le vin blanc (5 min environ).

4 À la fin de la cuisson du riz, ajoutez les crevettes et le chorizo et laissez cuire 3 min à nouveau en mélangeant bien. Servez *illico presto* avec les moules égouttées posées sur le dessus.

Astuces_ • Cette recette est prévue pour 6 personnes. Mais selon les appétits, elle varie de 4 à 8 personnes. • Pour encore plus de saveur, faites un mix de morceaux de poulet et de lapin. • Avant de faire ouvrir les moules, lavez-les, grattez-les et ôtez les filaments herbeux. Et surtout jetez celles qui sont ouvertes ou cassées. • Si le riz est un peu collant en cours de cuisson, n'hésitez pas à rajouter 1 filet d'eau chaude.

la botte secrète d'aude et leslie

Pour épater encore plus la galerie, troquez les crevettes contre des langoustines. Trop sympa !

Riz parfumé aux crevettes et au piment d'Espelette

PRÉPARATION 25 MIN | **CUISSON** 20 À 25 MIN | **COÛT** ★ | **DIFFICULTÉ** ★★

→ UN PLAT SUPER DÉPAYSANT QUI VA METTRE DU PIMENT DANS VOS DÎNERS !

1 Faites chauffer 60 cl d'eau dans une casserole. Quand elle bout, ajoutez le cube de bouillon et le piment d'Espelette. Remuez bien pour le diluer. Épluchez les oignons et coupez-les finement.

2 Dans une grande casserole, faites fondre la noix de beurre. Ajoutez les oignons et faites-les revenir 4 min environ. Puis versez le riz et faites-le cuire 2 min en remuant. Ajoutez le bouillon. Salez et poivrez. Laissez cuire 20 à 25 min à feu doux. Votre riz est prêt quand le bouillon a été absorbé.

3 Pendant ce temps, décortiquez les crevettes. Épluchez la gousse d'ail, ôtez le germe s'il y en a un et hachez-la. Lavez et ciselez le basilic. Lavez et épépinez le piment puis coupez-le en petits morceaux.

4 Dans une grande poêle antiadhésive, faites chauffer l'huile. Ajoutez l'ail et faites-le revenir 2 à 3 min. Ajoutez les crevettes, le piment, le basilic, le sel et le poivre. Faites sauter le tout à feu vif 4 à 5 min en remuant sans cesse. À la fin de la cuisson du riz, parsemez-le de crevettes et servez *illico presto*.

Les ingrédients pour 6 personnes

1 cube de bouillon aux épices
6 pincées de piment d'Espelette
2 oignons
300 g de riz thaï
1 noix de beurre pour la casserole
sel et poivre

Pour la poêlée de crevettes

24 grosses crevettes roses cuites
1 gousse d'ail
½ bouquet de basilic
1 piment vert doux
1 beau filet d'huile d'olive pour la poêle

Astuce_ Pour aller plus vite, utilisez des crevettes décortiquées vendues en barquette.

le verre de vin qui va bien

Avec ce plat frais et léger, essayez la fraîcheur désaltérante d'une bonne bière japonaise, la Kirin par exemple.

Riz thaï minute au crabe et au persil plat

PRÉPARATION 10 MIN | **CUISSON** 2 MIN | **COÛT** ★ | **DIFFICULTÉ** ★

→ EN 12 MINUTES CHRONO, VOUS OBTENEZ UN PLAT CLÉ EN MAIN. À GARDER SOUS LE COUDE POUR VOS DÎNERS À L'IMPROVISTE...

1 Faites cuire le riz 2 min au micro-ondes (encore dans son sachet). Conservez au chaud. Puis faites cuire les petits pois au micro-ondes comme indiqué sur le sachet (30 sec environ).

2 Égouttez le crabe et émiettez-le. Lavez le persil plat et coupez-le finement. Dans une poêle, faites chauffer l'huile. Ajoutez les oignons et faites-les revenir 3 min. Puis ajoutez le crabe, les petits pois, la sauce soja et le persil plat. Faites revenir le tout 20 à 30 sec.

3 Dans un saladier, mélangez le riz chaud avec la poêlée de crabe. Salez et poivrez. Servez *illico presto*.

Les ingrédients pour 6 personnes

- 3 sachets de riz long grain cuisson rapide (375 g au total)
- 2 poignées de petits pois surgelés
- 2 boîtes de chair de crabe (300 g environ)
- 1 bouquet de persil plat
- 4 cuil. à soupe d'huile
- 3 cuil. à soupe d'oignon surgelé
- 2 cuil. à soupe de sauce soja
- sel et poivre

Astuce_ À vous d'augmenter ou de diminuer les doses de sauce soja en fonction de vos goûts.

le tuyau de laurence

Spécial petit budget, vous pouvez aussi remplacer le crabe par des miettes de surimi aromatisé au crabe.

recettepourépater…

Sushis de mangue et coulis de fruits rouges

PRÉPARATION 15 MIN | **CUISSON** 35 MIN | **COÛT** ★ | **DIFFICULTÉ** ★

Les ingrédients pour 6 personnes (20 à 25 sushis)

- 1 l de lait entier
- 250 g de riz rond
- 80 g de sucre en poudre
- 1 sachet de sucre vanillé
- 1 belle mangue
- 180 g de chocolat blanc
- 20 cl de coulis de fruits rouges tout prêt

1 Dans une casserole, portez le lait à ébullition. Quand il bout, ajoutez le riz et faites-le cuire à feu doux et à couvert 20 min environ. Mélangez régulièrement. Puis ajoutez le sucre et le sucre vanillé, mélangez et laissez cuire 15 min à nouveau jusqu'à ce que le riz devienne bien tendre. Remuez régulièrement.

2 Pendant ce temps, épluchez la mangue et coupez-la en une vingtaine de lamelles comme pour un sushi. Cassez le chocolat en morceaux. Quand le riz est cuit, ajoutez le chocolat hors du feu. Mélangez jusqu'à ce que le chocolat soit bien fondu.

3 Laissez refroidir quelques instants, puis formez des sushis avec le riz au lait et déposez une lamelle de mangue sur chaque quenelle de riz. Laissez refroidir à température ambiante.

4 Servez les sushis de mangue accompagnés d'un ramequin de coulis de fruits rouges.

la botte secrète d'aude et leslie

Quand vous avez le temps, lancez-vous dans un coulis « maison » : mixez 500 g de framboises avec 1 cuil. à soupe de jus de citron et 200 g de sucre glace. Passez le tout à travers une passoire fine pour retenir les pépins. Et hop c'est prêt !

le tuyau de laurence

Et pour un dépaysement total, remplacez la moitié du lait par la même quantité de lait de coco.

le truc de stéphan

Pensez à laisser cuire le riz à feu doux pour qu'il ait le temps d'absorber le lait. Cuit rapidement, il est moins savoureux.

Sushis d'ananas au caramel

PRÉPARATION 15 MIN | **CUISSON** 35 MIN | **COÛT** ★ | **DIFFICULTÉ** ★

→ CES SUSHIS SONT AUSSI DÉLICIEUX QUE TENDANCE… ALORS PENSEZ-Y POUR VOS DÎNETTES ENTRE AMIS !

1 Dans une casserole, portez le lait et le lait de coco à ébullition. Quand le mélange bout, ajoutez le riz et faites-le cuire à feu doux et à couvert 20 min environ. Mélangez régulièrement. Puis ajoutez le sucre et le sucre vanillé, mélangez et laissez cuire 15 min à nouveau jusqu'à ce que le riz devienne bien tendre. Remuez régulièrement.

2 Pendant ce temps, récupérez la chair de l'ananas et coupez-la en une vingtaine de lamelles comme pour un sushi. Quand le riz est cuit, ajoutez la noix de coco râpée. Mélangez bien.

3 Laissez refroidir quelques instants. Puis formez des sushis avec le riz au lait et déposez une lamelle d'ananas sur chaque quenelle de riz. Laissez refroidir à température ambiante. Servez les sushis d'ananas accompagnés d'un filet de caramel liquide.

Les ingrédients pour 6 personnes (20 à 25 sushis)

50 cl de lait entier
50 cl de lait de coco
250 g de riz rond
80 g de sucre en poudre
1 sachet de sucre vanillé
1 ananas Victoria
2 cuil. à soupe de noix de coco râpée
1 flacon de caramel liquide

Astuce_ Si le mélange devient trop collant pendant la cuisson, vous pouvez rajouter un peu de lait.

le truc de stéphan

Ne faites pas ces sushis trop à l'avance car l'ananas contient naturellement une substance qui a tendance à faire ramollir le riz.

Riz au lait aux deux chocolats

PRÉPARATION 10 MIN I **CUISSON** 35 MIN I **COÛT** ★ I **DIFFICULTÉ** ★

Les ingrédients pour 4 à 6 personnes

- 1 gousse de vanille
- 1 l de lait entier
- 250 g de riz rond
- 100 g de sucre en poudre
- 8 figues séchées
- 6 dattes séchées
- 100 g de chocolat au lait
- 80 g de chocolat blanc

1 Fendez en deux la gousse de vanille dans le sens de la longueur et grattez l'intérieur avec la pointe d'un couteau. Ajoutez les demi-gousses et les petites graines noires dans une casserole. Versez le lait et portez-le à ébullition. Ajoutez le riz dans la casserole et faites-le cuire 20 min environ à feu doux et à couvert. Mélangez régulièrement.

2 Ajoutez le sucre, mélangez et laissez cuire 15 min à nouveau jusqu'à ce que le riz devienne bien tendre. Remuez régulièrement.

3 Pendant ce temps, coupez les figues et les dattes en petits morceaux. Cassez les deux chocolats en petits morceaux et réservez-les dans deux saladiers différents. Quand le riz est cuit, enlevez les demi-gousses de vanille et répartissez-le entre les deux saladiers. Mélangez bien pour que les deux chocolats fondent.

4 Dans 4 ou 6 verres transparents (ou ramequins), disposez une couche de riz au chocolat blanc, une couche de fruits secs et une couche de riz au chocolat au lait.

Astuce_ Si le mélange devient trop collant pendant la cuisson, vous pouvez ajouter un peu de lait.

Riz au lait de coco & citron vert

PRÉPARATION 10 MIN | **CUISSON** 35 MIN | **COÛT** ★ | **DIFFICULTÉ** ★

→ À VOUS DE JOUER SUR LE CONTRASTE CHAUD-FROID EN SERVANT CE RIZ AU LAIT AVEC UNE BOULE DE SORBET AU CITRON VERT. *SO DELICIOUS* !

1 Prélevez le zeste du citron vert à l'aide d'un zesteur ou de la pointe d'un couteau (sans mordre sur la peau blanche) et coupez-le en petits morceaux. Dans une casserole, portez le lait, le lait de coco et les zestes à ébullition. Quand le mélange bout, ajoutez le riz dans la casserole et faites-le cuire à feu doux et à couvert 20 min environ. Mélangez régulièrement.

2 Ajoutez le sucre, mélangez et laissez cuire 15 min à nouveau jusqu'à ce que le riz devienne bien tendre. Remuez régulièrement. Servez *illico presto* parsemé de copeaux de noix de coco.

Les ingrédients pour 4 à 6 personnes

1 citron vert non traité

50 cl de lait entier

50 cl de lait de coco

250 g de riz rond

100 g de sucre en poudre

4 cuil. à soupe de copeaux de noix de coco

Astuces_ • On trouve des copeaux de noix de coco dans les épiceries exotiques.

• Pour les fous de saveurs acidulées, vous pouvez ajouter 1 filet de jus de citron vert dans le riz au lait juste avant de servir.

la botte secrète d'aude et leslie

Comme nous sommes complètement mordues de bonbons, nous adorons ajouter des bananes Haribo ou des fraises Tagada coupées en morceaux dans ce riz au lait...

le tuyau de laurence

Moi, je fonds littéralement avec une boule de sorbet cacao en accompagnement.

Riz au lait fondant et brochette de fruits frais

PRÉPARATION 15 MIN | **CUISSON** 35 MIN | **COÛT** ★ | **DIFFICULTÉ** ★ |
MATÉRIEL SPÉCIFIQUE PIQUES À BROCHETTE

1 Fendez en deux la gousse de vanille dans le sens de la longueur et grattez l'intérieur avec la pointe d'un couteau. Mettez le tout dans une casserole et ajoutez le bâton de cannelle. Versez le lait et portez-le à ébullition. Puis versez le riz dans la casserole et faites-le cuire à feu doux et à couvert 20 min environ. Mélangez régulièrement.

2 Ajoutez le sucre, mélangez et laissez cuire 15 min à nouveau jusqu'à ce que le riz devienne bien tendre. Remuez régulièrement.

3 Pendant ce temps, lavez et équeutez les fraises. Épluchez les kiwis et coupez-les en 4. Sur chaque pique à brochette, alternez fraise, basilic et kiwi. Quand le riz est cuit, enlevez les demi-gousses de vanille et le bâton de cannelle. Répartissez le riz au lait dans 4 bols et ajoutez une brochette de fruits en travers. Servez *illico presto*.

Les ingrédients pour 4 personnes

Pour le riz au lait

1 gousse de vanille
1 bâton de cannelle
1 l de lait
150 g de riz rond
80 g de sucre en poudre

Pour les brochettes de fruits

8 fraises
2 kiwis
8 belles feuilles de basilic

Astuce_ La clé de la réussite ? Le riz doit cuire lentement à feu doux.

la botte secrète d'aude et leslie

Pour un max de saveur, faites poêler les brochettes de fruits quelques minutes dans une noisette de beurre et du miel liquide.

Gâteau de riz au caramel

PRÉPARATION 10 MIN | **CUISSON** 40 + 40 MIN | **COÛT** ★ | **DIFFICULTÉ** ★★ |
MATÉRIEL SPÉCIFIQUE 1 MOULE À CHARLOTTE

1 Fendez en deux la gousse de vanille dans le sens de la longueur et grattez l'intérieur avec la pointe d'un couteau. Mettez le tout dans une casserole et ajoutez les anis étoilés. Versez le lait et portez-le à ébullition.

2 Rincez le riz à grande eau. Quand le lait bout, enlevez les anis étoilés et les demi-gousses de vanille et versez le riz égoutté dans la casserole. Faites-le cuire 40 min environ à feu très doux jusqu'à ce que le lait soit quasiment absorbé. Mélangez régulièrement. Environ 10 min avant la fin de la cuisson, préchauffez le four à 170 °C (th. 5-6).

3 Pendant ce temps, préparez le caramel : placez un moule à charlotte sur la plaque électrique avec les morceaux de sucre, l'eau et le jus de citron. Remuez sans cesse à l'aide d'une spatule en bois jusqu'à ce que le caramel commence à blondir, puis répartissez-le sur les parois du moule.

4 Quand le riz est prêt, ajoutez hors du feu le sucre, le beurre et les œufs battus. Mélangez bien et déposez le riz au lait dans le moule caramélisé. Mettez au four 40 min environ.

Les ingrédients pour 4 à 6 personnes

Pour le gâteau de riz

1 gousse de vanille
2 anis étoilés
1 l de lait entier
200 g de riz rond
160 g de sucre en poudre
30 g de beurre
2 œufs

Pour le caramel

9 morceaux de sucre
2 cuil. à soupe d'eau
1 cuil. à café de jus de citron

Astuces_ • Pour d'autres saveurs, remplacez le beurre par du beurre demi-sel. • Pour une recette plus simple, achetez du caramel liquide tout prêt. • Mise en garde : dans cette recette, nous vous proposons de réaliser votre caramel en posant directement le moule sur la plaque. Avant de vous lancer, assurez-vous que votre moule se prête à cette manipulation. Si vous avez un doute, préparez votre caramel soit à la casserole, soit au micro-ondes.

la botte secrète d'aude et leslie

Et pour un petit côté fruité, ajoutez une pomme ou une poire coupée en dés en même temps que le sucre... Trop bon !

Gâteau de riz figues-cannelle

PRÉPARATION 10 MIN | **CUISSON** 40 + 40 MIN | **COÛT** ★ | **DIFFICULTÉ** ★ |

MATÉRIEL SPÉCIFIQUE 1 MOULE À MANQUÉ

→ AVIS AUX AMATEURS DE GÂTEAUX DE RIZ, CELUI-CI EST CARRÉMENT BON ET, EN PLUS, IL CASSE LES CODES.

1 Dans une casserole, portez le lait à ébullition avec le bâton de cannelle. Rincez le riz à grande eau. Quand le lait bout, enlevez le bâton de cannelle et versez le riz égoutté dans la casserole. Faites-le cuire 40 min environ à feu très doux jusqu'à ce que le lait soit quasiment absorbé. Mélangez régulièrement. Environ 10 min avant la fin de la cuisson, préchauffez le four à 170 °C (th. 5-6).

2 Pendant ce temps, dans un bol, mélangez le sucre avec la cannelle. Dans un autre récipient, battez les œufs. Quand le riz est prêt, ajoutez hors du feu le sucre à la cannelle, le beurre et les œufs battus. Mélangez bien et déposez le riz au lait dans le moule beurré. Mettez au four 40 min environ.

3 À la sortie du four, laissez tiédir votre riz au lait puis démoulez-le et coupez-le en 6 carrés. Répartissez-les dans 6 assiettes, avec les boules de glace à la figue et les figues séchées coupées en petits morceaux.

Les ingrédients pour 6 personnes

1 l de lait entier
1 bâton de cannelle
200 g de riz rond
160 g de sucre en poudre
6 pincées de cannelle en poudre
2 œufs
30 g de beurre demi-sel
6 boules de glace à la figue
4 figues séchées (facultatif)

Astuce_ Pour d'autres saveurs, remplacez le beurre demi-sel par du beurre doux.

je veux en savoir plus !

2 cubes de bouillon de volaille / Préparez le bouillon / Dans un faitout, faites chauffer le filet d'huile / VERSEZ LE VIN ET CONTINUEZ DE MÉLANGER / jusqu'à ce que le bouillon soit bien absorbé en mélangeant constamment / ajoutez le parmesan râpé / Les petits plus / UN RISOTTO ULTRA-MOELLEUX / servez votre risotto dans des verres transparents / accompagnés d'une boule de glace ou de sorbet / notamment cumin, curry, coriandre en poudre / BOUILLON DE LÉGUMES / les carottes, les poireaux, les navets et l'oignon / Les ingrédients / faites chauffer l'eau à la bouilloire / récupérez le bouillon en le filtrant à travers une passoire fine / Pour les risottos sucrés / pensez à l'accompagner de charcuterie / POUR FAIRE RÉCHAUFFER VOTRE RISOTTO / un verre à moutarde contient 150 g de riz cru / congelez-le / Répétez l'opération louche après louche / COUPEZ-LES FINEMENT / Utilisez du riz arborio, parfaitement adapté à la réalisation de risottos / Pour rendre votre risotto encore plus fondant

Je veux la technique !

Recette de base d'un risotto

→ Recette du risotto tout simple au parmesan

Les ingrédients pour 4 personnes

- 2 cubes de bouillon de volaille
- 2 oignons
- 1 gousse d'ail
- 1 filet d'huile d'olive
- 250 g de riz arborio
- 15 cl de vin blanc sec
- 100 g de parmesan râpé
- sel et poivre

1 Préparez le bouillon : dans une casserole, portez à ébullition 1 l d'eau. Quand elle bout, ajoutez les cubes de bouillon et mélangez bien pour les diluer. (Vous pouvez aussi préparer 1 l de bouillon « maison », voir ci-dessous.)

2 Épluchez les oignons et la gousse d'ail et coupez-les finement. Dans un faitout, faites chauffer le filet d'huile. Ajoutez les oignons et faites-les revenir 3 à 4 min pour qu'ils commencent à dorer.

3 Puis ajoutez l'ail et le riz et faites-les cuire 2 min à feu doux en remuant jusqu'à ce que le riz devienne translucide.

4 Versez le vin et continuez de mélanger. Une fois le vin absorbé, ajoutez 1 louche de bouillon. Poursuivez la cuisson jusqu'à ce que le bouillon soit bien absorbé en mélangeant constamment. Répétez l'opération louche après louche jusqu'à ce qu'il n'y ait plus de bouillon, toujours en remuant (20 min environ).

5 À la fin de la cuisson et hors du feu, ajoutez le parmesan râpé dans le faitout. Salez et poivrez en fonction de vos goûts. Mélangez et laissez reposer 2 min avant de servir.

Les clés de la réussite

- Utilisez du riz arborio, parfaitement adapté à la réalisation de risottos.
- Mélangez sans cesse le riz au cours de la cuisson tout en versant le bouillon et attendez bien que ce dernier soit absorbé avant d'ajouter une nouvelle louche.

Les petits plus

- Pour aller plus vite lors de la préparation du bouillon, faites chauffer l'eau dans une bouilloire.
- Pour encore plus de saveurs, achetez du parmesan que vous râperez vous-même.
- Si vous être vraiment fan du risotto et que vous en faites souvent, préparez votre bouillon à l'avance puis congelez-le.
- Quand vous servez un risotto en plat unique, pensez à l'accompagner de charcuterie, notamment de speck, de jambon cru, de coppa, de bresaola ou encore de pancetta ou de bacon passés quelques minutes à la poêle.
- Si vous n'avez pas de verre-doseur, sachez qu'un verre à moutarde contient 150 g de riz cru.

Et quand on le prépare à l'avance…

Pour faire réchauffer votre risotto, faites chauffer le faitout à feu doux après y avoir ajouté un peu d'eau chaude.

Un risotto ultra-moelleux

Pour rendre votre risotto encore plus fondant, ajoutez 2 cuil. à soupe de mascarpone, de crème fraîche, de ricotta ou tout simplement une belle noisette de beurre à la fin de la cuisson.

Côté déco

Pour une version au top, servez votre risotto dans des verres transparents, des grands bols ou des assiettes creuses.

Pour apporter une petite touche de fraîcheur

→ **Pour les risottos salés**

Ajoutez un peu de roquette ciselée ou de pousses d'épinard à la fin de la cuisson.

→ **Pour les risottos sucrés**

Servez-les tièdes accompagnés d'une boule de glace ou de sorbet. Vous pouvez aussi ajouter quelques lamelles de fruits frais.

Pour rendre vos risottos encore plus gourmands

→ **Pour les risottos salés**

Jouez sur les bouillons et pourquoi pas du bouillon de bœuf, de volaille, de légumes, aux épices ou aux herbes. Misez aussi sur les épices, notamment le cumin, le curry, la coriandre en poudre ou le piment d'Espelette. Pensez à parsemer vos risottos de fines herbes ciselées juste avant de servir (ciboulette, persil plat, coriandre, basilic…).

→ **Pour les risottos sucrés**

Pour parfumer le lait quand vous le portez à ébullition, ajoutez au choix une gousse de vanille, de la cannelle en poudre ou en bâton, un ou deux anis étoilés ou encore quelques graines de cardamome. Pensez aussi à ajouter de l'eau de fleur d'oranger ou de l'extrait de vanille liquide. Autre alternative, arrosez votre risotto juste avant de servir, d'un filet de caramel liquide, d'un coulis de fruits rouges ou encore d'une sauce au chocolat.

2 recettes de bouillons «maison»

→ Bouillon de légumes (pour 1 litre)

Les ingrédients

3 carottes
2 poireaux
2 navets
2 branches de céleri
1 oignon
3 clous de girofle
1 bouquet garni
gros sel et poivre en grains

1 Portez à ébullition 2 l d'eau salée dans un faitout.

2 Épluchez les carottes, les poireaux, les navets, le céleri et l'oignon. Coupez le tout grossièrement sauf l'oignon que vous piquerez de clous de girofle.

3 Ajoutez tous les légumes ainsi que le bouquet garni et quelques grains de poivre dans le faitout.

4 Laissez cuire 45 min à moitié couvert et à feu moyen.

5 À la fin de la cuisson, récupérez le bouillon en le filtrant à travers une passoire fine.

Le petit plus

Sachez qu'il existe dans les supermarchés des bouquets garnis vendus en sachet comme pour une infusion.

→ Fumet de poisson (pour 1 litre)

Les ingrédients

2 oignons
1 branche de céleri
3 cuil. à soupe d'huile d'olive
750 g de têtes et d'arêtes de poissons
1 bouquet garni
3 brins de persil
gros sel et poivre en grains

1 Épluchez les oignons et coupez-les en 4. Lavez la branche de céleri et coupez-la en deux.

2 Dans une grande casserole, faites chauffer l'huile. Ajoutez les têtes et les arêtes de poissons. Laissez cuire 1 min à feu vif.

3 Versez 1,5 l d'eau. Ajoutez les grains de poivre, le céleri, les oignons, le bouquet garni, les brins de persil et le gros sel. Laissez cuire 30 min à feu moyen en écumant régulièrement.

4 À la fin de la cuisson, récupérez le bouillon en le filtrant à travers une passoire fine.

Le petit plus

Pour encore plus de saveurs, vous pouvez concasser grossièrement les arêtes de poissons avant de préparer le bouillon.

Le riz dans tous ses états

- Il existe des dizaines de variétés de riz, mais on distingue deux grandes sortes en fonction de la forme des grains (ronds ou longs). Voici les plus courants :

- les classiques : le riz blanc, le riz arborio, le riz carnaroli ;
- les exotiques : le riz basmati et le riz surinam ;
- les originaux : le riz sauvage et le riz gluant.

- Ces variétés ne se cuisinent pas de la même façon. Dans tous les cas, n'hésitez pas à vous reporter aux conseils de cuisson indiqués sur le paquet.

Astuces pour bien préparer le riz

→ Pour une cuisson au top

Faites cuire votre riz dans 3 fois son volume d'eau.

→ Pour une quantité parfaite

Prévoyez 60 g en moyenne par personne pour un plat principal.
Si vous n'avez pas de verre-doseur, sachez qu'un verre à moutarde contient 150 g de riz cru.

→ Pour encore plus de saveur

Ajoutez dans l'eau de cuisson un cube de bouillon de bœuf ou de volaille, une branche de thym ou une feuille de laurier.

Que faire des restes ?

→ Avec un reste de risotto

• *Préparez des croquettes.*

Mélangez votre reste de risotto froid avec un œuf battu et 50 g de parmesan râpé. Formez des boulettes que vous roulerez dans la chapelure. Puis dorez-les dans une grande poêle 2 à 3 min avec un filet d'huile neutre.

Le petit plus : *utilisez de l'huile d'olive pour des saveurs encore plus parfumées.*
Dégustation au top : *piquées d'un cure-dent à l'heure de l'apéro.*

→ Avec un reste de riz salé

• *Lancez-vous dans des tomates farcies*

Ôtez le chapeau des tomates et évidez-les. Puis farcissez-les d'un reste de riz cuit mélangé à des fines herbes ciselées (ciboulette, persil et coriandre). Ajoutez une belle noisette de beurre sur le dessus. Passez vos tomates au four 20 à 25 min à 180 °C (th. 6).

Le petit plus : *troquez les tomates contre des poivrons.*
Dégustation au top : *délicieux comme accompagnement de vos grillades (viande ou poisson).*

• *Réalisez un gratin*

Beurrez généreusement un plat à gratin ou des ramequins (selon la quantité restante) puis répartissez le reste de riz cuit en une couche uniforme. Dans un bol, mélangez 1 œuf battu avec 3 cuil. à soupe de crème fraîche. Versez ce mélange sur le riz. Salez et poivrez. Puis ajoutez au choix des lamelles de reblochon, du fromage à raclette ou du gruyère râpé. Mettez le tout au four 20 min à 180 °C (th. 6).

Le petit plus : *pensez à ajouter des lardons poêlés, des champignons émincés ou encore des fines herbes ciselées.*
Dégustation au top : *servez ce gratin accompagné d'une belle salade verte et de charcuterie.*

À garder sous le coude

s'en sortir sans balance

→ Ce tableau vous donne les principales équivalences poids et volumes pour les ingrédients les plus courants.

Ingrédients	1 cuil. à café	1 cuil. à soupe	1 verre à moutarde
Beurre	7 g	20 g	–
Cacao en poudre	5 g	10 g	90 g
Crème épaisse	1,5 cl	4 cl	20 cl
Crème liquide	0,7 cl	2 cl	20 cl
Farine	3 g	10 g	100 g
Gruyère râpé	4 g	12 g	65 g
Liquides divers (eau, huile, vinaigre, alcools)	0,7 cl	2 cl	20 cl
Maïzena	3 g	10 g	100 g
Poudre d'amandes	6 g	15 g	75 g
Raisins secs	8 g	30 g	110 g
Riz	7 g	20 g	150 g
Sel	5 g	15 g	–
Semoule, couscous	5 g	15 g	150 g
Sucre en poudre	5 g	15 g	150 g
Sucre glace	3 g	10 g	110 g

Mesurer vos liquides

1 verre à liqueur = 3 cl

1 tasse à café = 8 à 10 cl

1 verre à moutarde = 20 cl

1 bol = 35 cl

Pour info

1 œuf = 50 g

1 noisette de beurre = 5 g

1 noix de beurre = 15 à 20 g

bien régler son four

→ Pas facile de connaître la température dans un four ! Voici une table très simple à utiliser et valable pour la plupart des appareils vendus dans le commerce.

Température (°C)	30	60	90	120	150	180	210	240	270
Thermostat	1	2	3	4	5	6	7	8	9

→ Les temps de cuisson donnés dans les recettes peuvent varier légèrement selon les types d'appareils. En effet, dans un four à chaleur tournante, les plats cuisent de manière plus homogène et plus vite que dans les fours qui chauffent à partir d'une source (four à gaz, four électrique).

Rappelez-vous aussi que pour réaliser une bonne cuisson, un préchauffage est toujours nécessaire.

les indispensables en cuisine

→ Pour cuisiner entre potes ou pour des potes sans souci, il faut avoir sous la main quelques produits tout simples, faciles à trouver.
Voici une petite liste de « basiques », grâce auxquels vous pourrez faire la grande majorité des recettes de cette collection.

Dans le placard

Épices

- Cannelle
- Coriandre
- Cumin
- Curry
- Gingembre
- Herbes de Provence
- Mélange quatre-épices
- Noix de muscade
- Paprika
- Poivre du moulin et concassé
- Thym
- Vanille en gousse

Liquides

- Huiles de tournesol, d'olive, de sésame et de noix
- Rhum (pour la pâtisserie)
- Vinaigres de vin, blanc, balsamique et de xérès
- Vin rouge et blanc sec

Condiments

- Moutarde forte et à l'ancienne
- Moutardes parfumées (à l'estragon, au poivre vert)
- Sauce pesto
- Sauce soja
- Sel fin et gros sel
- Tabasco
- Tapenade d'olives noires

Et aussi

- Amandes effilées
- Anchois, thon et sardines à l'huile d'olive
- Bouillon cube
- Câpres
- Chocolat à cuire et chocolat en poudre
- Cornichons
- Farine
- Fruits secs (amandes, raisins, pignons, noisettes, abricots, figues)
- Lait de coco
- Levure chimique
- Maïzena
- Miel
- Olives en boîte
- Pâtes de toutes formes
- Poudre de noisettes et poudre d'amandes
- Riz rond et riz parfumé
- Semoule
- Sucre en poudre, sucre glace et sucre vanillé
- Tomates en boîte, concentrées et séchées en bocal

Dans le réfrigérateur

Légumes

- Ail
- Carottes
- Citrons
- Échalotes
- Oignons
- Pommes de terre
- Tomates

Laitages et œufs

- Beurre
- Crème liquide
- Fromage frais
- Lait
- Œufs
- Parmesan

Et aussi

- Feuilles de brick
- Pâtes à tarte (brisée, sablée, feuilletée)

Dans le congélateur

Herbes et épices hachées

- Aneth
- Basilic
- Ciboulette
- Coriandre
- Gingembre haché
- Persil

Légumes

- Champignons de Paris
- Épinards
- Petits pois
- Tiges de citronnelle

Et aussi

- Pâtes à tarte (brisée, sablée, feuilletée)

avoir le bon matériel

→ Pas besoin de grand-chose pour faire de grandes recettes !
Voici une petite liste d'ustensiles à avoir dans la cuisine.

Cuire

- Casseroles (une grande et une petite)
- Moules à tarte et à pâtisserie
- Marmite en fonte
- Plaque à rôtir
- Poêles à fond antiadhésif (une grande et une petite)
- Wok (éventuellement)

Couper

- Aiguiseur à couteaux
- Couteau économe
- Gros couteau dit « éminceur »
- Petit couteau
- Petite planche à découper en plastique

Mélanger

- Saladiers
- Cuillères en bois
- Fouet
- Spatules

Divers

- Batteur électrique
- Essoreuse à salade
- Ficelle de cuisine
- Mixeur
- Passoires (une fine, une plus grosse), ou chinois
- Rouleau à pâtisserie
- Verre-doseur

Table des recettes

Retrouvez en couleur les « recettes pour épater ».

Table des matières

Ma recette qui dépote...

La cuisson en toute sécurité
avec le gaz naturel

Goûter au confort de vie DolceVita, c'est profiter d'une cuisine toute en saveurs, doucement mijotée ou saisie en toute puissance, au gré des recettes et des envies. En toute sécurité.

Allumer d'une main, moduler la flamme selon ses besoins et avec une grande précision, laisser mijoter, griller ou rôtir… Tels sont les atouts de la cuisine au gaz naturel. Toute la souplesse d'une énergie sur mesure pour réussir des repas variés et savoureux. La cuisson dans un four alimenté au gaz naturel permet en outre aux aliments de conserver tous leurs sels minéraux ainsi que toutes leurs saveurs, sans se dessécher : en brûlant, le gaz naturel produit de l'humidité. Inutile donc de rajouter de l'eau en cours de cuisson !

LA SÉCURITÉ EN PLUS

Opter pour le gaz naturel, c'est également faire le choix d'une installation et d'une utilisation garantissant un haut niveau de sécurité. Par exemple, le système Vissogaz, un système de raccordement performant et sécurisé. Recommandé par Gaz de France, ce système est composé d'un robinet de sécurité et d'un flexible qui se fixe d'un côté sur le robinet d'arrivée de gaz naturel et de l'autre sur le pas de vis de l'appareil de cuisson. Correctement installé, il est parfaitement étanche et ne peut ni s'arracher ni se déboîter et s'adapte à tous types d'appareils. Il est obligatoire sur les installations neuves ou ayant été modifiées.

LES INNOVATIONS AU RENDEZ-VOUS

Aujourd'hui, de nombreuses innovations technologiques accroissent encore la sécurité de la cuisson au gaz naturel :

- **La coupure automatique de la flamme :** le système thermocouple coupe automatiquement l'arrivée de gaz en cas d'extinction accidentelle de la flamme due à un courant d'air ou au débordement d'une casserole.
- **La porte anti-brûlure :** elle se compose d'un feuilletage de verre qui ne conduit pas la chaleur et maintient la façade en dessous du seuil de brûlure de 75 °C. Vous pouvez également demander si la cuisinière choisie est dotée d'un verrouillage de la porte en mode « sécurité enfant ».
- **Le tiroir anti-basculement permet de sortir complètement la grille du four sans risque :** un système de blocage sur le rail évite qu'elle ne bascule sous le poids du plat.

LE GAZ NATUREL, UNE ÉNERGIE ÉCONOMIQUE

Faire la cuisine au gaz naturel, c'est aussi choisir l'une des énergies les moins chères du marché qui, assortie à des équipements performants et à des tarifs ajustés à votre consommation annuelle, vous permet de cuisiner en toute liberté.

POUR EN SAVOIR PLUS SUR LES OFFRES DOLCEVITA
Vous pouvez joindre un Conseiller Gaz de France au :
0 810 140 150 (prix d'un appel local)
ou vous connecter sur l'espace DolceVita du site
www.gazdefrance.fr

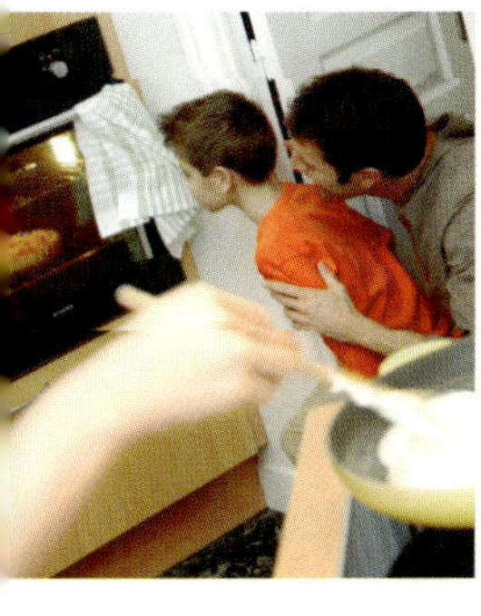

Le conseil DolceVita de Gaz de France

*• **Pour faire des économies d'energie,** mettez le plus souvent possible un couvercle sur les casseroles afin de limiter le temps de chauffage ; dans le four superposez les plats qui réclament la même puissance de cuisson et coupez la flamme quelques minutes avant la fin de la cuisson pour profiter de la chaleur accumulée.*

Gaz de France
Dolcevita

Remerciements

Merciiiiiiiii aux deux autres potes de la Popote ainsi qu'à Brigitte, Raphaële, Jennifer, Johanna et Camille, l'équipe de choc d'Hachette.
Mais aussi à nos amoureux, nos supers copines Malo & Laetie, Élisa, Fleur & Valérie, Foufou, Laura, Matias et Darius ; et évidemment nos parents qui ont su faire de nous de bonnes vivantes.
Sans oublier Flocon et Routoutou, toujours preneurs pour les restes !

Aude & Leslie

Lissa Streeter tient à dire un grand merci à la *Trattoria Gran Sasso* et la famille Di Pietro pour leur cadeau des truffes noires de d'*Amico di Quadri*, Italie.
Elle remercie également les boutiques suivantes pour leur collaboration :
Bambou au Bon Marché : p. 96 (petit bol) ; BHV : p. 65 (bol) ; Bodum : pp. 60 (plateau en argent), 86 (set), 101 (verres) ; CB2 : pp. 80 (set), 99 (pince à linge) ; CMO : pp. 12, 29, 39, 43, 44, 48, 50, 76, 85, 86, 95, 101, 102, 109 (fonds) ; Chiliwich chez Zero One One : pp. 11, 25, 31 (sets) ; Conran Shop : p. 29 (serviette) ; Crate and Barrel : p. 95 (paniers à vapeur) ; C. signé : p. 62 (set en cuivre tressé) ; Design Studio : pp. 71, 104 (serviettes) ; Fresh : pp. 14, 23 (assiettes) ; Globus : pp. 16, 75 (sets), 80 (assiette) ; Grand Canyon Camping South Rim : p. 48 (assiette) ; Guy Degrenne : p. 73 (assiette) ; Habitat : pp. 18, 29, 50, 55, 67 (bols), 34, 40 (sets), 57 (set et bol), 58 (verre), 96 (assiette), 92, 107 (torchons) ; Home Autour du Monde : pp. 43, 52 (bols) ; Ikea : pp. 11, 71, 76 (assiettes), 32 (boîte en bois) ; John Bentham : p. 107 (bol à pudding) ; Kawa : pp. 58 (assiette), 89 (bol) ; WMF chez Kitchen Bazaar : p. 23 (salière et poivrier) ; La Graineterie au Marché d'Aligre : pp. 34, 92 (bols) ; Lafayette Maison : pp. 68, 73 (set et bols) ; Le Bon Marché : pp. 20, 25, 37, 47 (serviettes), 90 (set) ; Leonardo chez Lafayette Maison : p. 109 (assiettes) ; Missoni au Printemps : p. 75 (assiette) ; Monoprix Maison : pp. 18 (râpe à fromage), 20, 47 (bols), 79 (torchon) ; Muriel Grateau : p. 31 (assiette) ; Palais Royal : p. 16 (bol) ; Philippe Deshoulières au Printemps : p. 26, 39, 82, 102 (bols et assiettes) ; Sambonnet chez Zero One One : p. 31 (fourchette) ;Target Stores : pp. 50, 80 (serviettes) ; The Jacaranda Tree à Thônes en Haute-Savoie : p. 25 (assiette) ; The Spanish Table : p. 90 (poêles) ; Villeroy & Boch : pp. 25, 29, 37, 44, 55 (couverts) ; Wedgwood chez Conran Shop : p. 16 (assiette) ; Zero One One : pp. 44 (set).

Toutes les photos de reportage ont été réalisées par Philippe Vaurès-Santamaria.

Direction, Stephen Bateman et Pierre-Jean Furet
Responsables éditoriales, Brigitte Éveno et Raphaële Wauquiez
Conception graphique, Dune Lunel
Réalisation, Les PAOistes
Coordination et suivi éditorial, Mélanie Le Neillon, Anne Vallet et Marie-Charlotte Buch-Müller
Fabrication, Amélie Latsch
Partenariats, Sophie Augereau (01 43 92 36 82)

L'éditeur remercie Jennifer Joly pour son aide précieuse et ses relectures attentives.

Imprimé en Espagne par Graficas Estella - dépôt légal : mai 2006
23.01.7156.01.5 • 2012371566